SOBRE DIOS

Byung-Chul Han

SOBRE DIOS

Pensar con Simone Weil

Traducción de Lara Cortés

PAIDÓS

Título original: *Sprechen Über Gott*, de Byung-Chul Han

1.ª edición, octubre de 2025
10.ª edición, abril de 2026

Paidós es un sello editorial de Editorial Planeta, S. A.
Avda. Diagonal, 662-664
08034 Barcelona, España
www.paidos.com
www.planetadelibros.com

ISBN: 978-84-493-4454-1
Fotocomposición: Realización Planeta
Depósito legal: B. 14.050-2025
Impresión y encuadernación en Black Print

Impreso en España – *Printed in Spain*

PEFC Certificado
Este libro procede de bosques gestionados de forma sostenible
PEFC
PEFC/14-38-00305
www.pefc.es

Sumario

Introducción

Hace ya algún tiempo que Simone Weil se coló en mi interior. Se instaló en mi alma. Y hoy en día sigue viviendo y hablando dentro de mí. En su momento, comencé una conversación interna, íntima, con ella. Empecé a sentir una profunda simpatía por su pensamiento. Weil se dirigió a una parte de mi alma de la que yo no había sido muy consciente hasta entonces, pero que había albergado en mi interior en todo momento y con toda viveza. Entró en mi vida en una etapa en la que yo también estaba sintiendo esa *fuerza* —procedente *de arriba* y más poderosa que yo mismo—, la que en 1937 hizo que Simone Weil se postrase de rodillas en la pequeña capilla románica de Santa Maria degli Angeli, en Asís, a la que san Francisco acudía a menudo para rezar.

Durante toda su vida Simone Weil temió que sus ideas cayeran en el olvido, que fuesen enterradas junto a ella. En una carta que escribió al padre Perrin confesó:

«Me resulta muy doloroso pensar que los pensamientos que han descendido sobre mí están condenados a muerte por el contagio de mi insuficiencia y mi miseria».[1] No podía evitar estremecerse cada vez que leía la parábola de la higuera sin frutos. La sensación de ser para Cristo como una higuera estéril le rompía el corazón. Sin embargo, Weil también expresó la esperanza de que algún día alguien sacase partido de sus pensamientos: «Pero ¿quién sabe si los que se encuentran en mí no estarán al menos parcialmente destinados a que usted haga algún uso de ellos? Solo podrían estarlo para quien sintiera algo de amistad por mí, de amistad verdadera».[2] Yo siento una profunda amistad, una amistad del alma, por Simone Weil. Y por eso, casi cien años más tarde, puedo utilizar su pensamiento para mostrar que, más allá de la inmanencia de la producción y del consumo, más allá de la inmanencia de la información y de la comunicación, existe otra realidad más elevada, existe una *trascendencia* que puede sacarnos de una vida completamente desprovista de sentido, de una mera supervivencia, de la mortificante falta de ser, y brindarnos la gozosa plenitud de ser.

ATENCIÓN

En su grado más alto, la atención
es lo mismo que la oración.

Dos compañeros alados, dos pájaros [...]
están posados en la rama de un árbol.
Uno come los frutos,
el otro los mira.

Simone Weil

La crisis actual de la religión no puede atribuirse sin más al hecho de que ciertos *contenidos* de la fe hayan perdido su validez, de que ya no creamos en Dios o de que la Iglesia haya agotado toda su credibilidad. Más bien habría que explicarla por una serie de *razones estructurales* de las que no somos conscientes, pero que son responsables de la ausencia de Dios. Entre ellas se encuentra el *declive de la atención*. La crisis de la religión también es, por tanto, una crisis de la atención, una crisis de la vista y del oído. *No es Dios quien ha muerto, sino el ser humano al que Dios se revelaba.*

La percepción se ha vuelto extremadamente voraz. Carece de toda dimensión contemplativa. Se pasa el tiempo *comiendo*. Su actitud es el consumo. Hay una expresión que refleja muy acertadamente su voracidad: «atracón de series» (*binge watching*). Aquí, la palabra *binge* se refiere al acto de devorar en exceso. La percepción prácticamente se *ceba* con basura: basura de información y comunicación, basura de sonidos y de visiones. Nos estamos convirtiendo en ganado consumidor. La percepción se guía cada vez en mayor medida por los estímulos y la adicción. Puesto que solo se centra en *comer*, ya no puede *mirar*. En este sentido, Simone Weil escribe: «[...] mirar y comer son dos cosas diferentes. Hay que optar por la una o por la otra. A ambas se las considera amor. Solo hay alguna esperanza de salvación para quienes consigan permanecer un tiempo mirando en lugar de comiendo».[1] Comer sirve exclusivamente para saciar una necesidad. Mirar es lo único que nos redime de la inmanencia del consumo, desprovista de sentido.

La crisis actual de la atención está ligada al hecho de que queramos comerlo todo, consumirlo todo, en lugar de mirarlo. La percepción voraz no requiere atención alguna. Se traga cuanto se le ofrezca. Solo el alma que *ayuna* puede mirar, contemplar. Durante el ayuno se pone en marcha una *autofagia* en la que el alma consume su parte baja, su parte voraz. Esta *autofagia del alma* es lo único que nos salva y que nos conduce hasta Dios: «La parte eterna del alma se alimenta del hambre. Cuando no comemos, nuestro organismo digiere su propia carne y la transforma en energía. El alma actúa del mismo modo. El alma que no come se digiere a sí misma. La parte eterna digiere la parte mortal y la transforma. El hambre del alma es difícil de soportar, pero no existe ningún otro remedio para la enfermedad: matar de hambre la parte perecedera del alma mientras el cuerpo aún está vivo. Es así como un cuerpo de carne pasa directamente a estar al servicio de Dios».[2]

El alma que sigue comiendo sin mirar pierde capacidad de contemplación. En lugar de autofagia, desarrolla *adiposis*. Su parte natural y mortal, encargada de comer, crece y engorda. En cambio, su parte divina se atrofia y se contrae. La atención contemplativa es esencial para mirar. Esa atención observa las cosas sin pretender apropiarse de ellas, sin pretender anexionárselas. *Quien sabe mirar se vacía, se convierte en nadie*. Crea dentro de sí un *vacío*: «La belleza de un paisaje en el momento en que nadie lo ve, absolutamente nadie...».[3]

De acuerdo con Simone Weil, es la imaginación la que, al servicio del yo, *siempre sueña con comida*. Somete las cosas a las necesidades, los deseos y los intereses del yo. De ese modo, las adereza y las devora. Nos impide verlas tal y como son en realidad. La imaginación como «fuerza de la gravedad» incapacita al alma para ver la *verdadera relación entre las cosas* a la que hay que obedecer. Le impide alzar el vuelo hacia lo trascendente: «Obediencia: hay dos. Se puede obedecer a la gravedad u obedecer a la relación entre las cosas. En el primer caso, uno hace aquello a lo que le empuja la imaginación colmadora de vacíos. [...] Si se suspende el trabajo de la imaginación colmadora y se pone la atención en la relación entre las cosas, surge una necesidad a la que no se puede dejar de obedecer. Hasta entonces, no se tiene ni la noción de la necesidad ni el sentimiento de la obediencia».[4] La gravedad desgarra el alma en lo más profundo: «Todo cuanto denominamos bajeza constituye una manifestación de la gravedad».[5] La gravedad domina la parte natural del alma. La *plenitud* de la parte del alma dominada por la gravedad elimina el *vacío*, que es lo que le permite al alma mirar.

La religión requiere prestar atención a aquellas cosas que escapan a la puesta a disposición, al consumo, al «acto de comer». Precisamente la indisponibilidad es el rasgo esencial de ese interlocutor hacia el que se dirige la atención contemplativa. Profundiza la atención. La atención contemplativa es lo contrario de la vigilancia del cazador. No busca ni caza, sino que escucha atentamente y se demora. La atención del cazador —una atención centrada en objetivos y resultados y guiada por intereses; una atención que merodea y aspira a atrapar rápidamente el objeto buscado— es perjudicial para la experiencia religiosa: «Una mala manera de buscar. Con la atención fija en un problema. Un fenómeno más de horror al vacío. No se quiere ver perdido el trabajo. Obstinación en proseguir la caza. No es preciso querer encontrar».[6] La atención religiosa es una «mirada», pero no una «búsqueda», no un «apego».[7] Tal vez por eso cuando rezamos entrecruzamos las manos. Miramos hacia lo abierto, que escapa a cualquier *acceso*; hacia el vacío, que no permite el apego. En el vacío no hay nada para «comer», nada a lo que podamos agarrarnos. Solo alcanzamos el vacío liberador cuando nos desprendemos de todo apego, de toda voluntad.

La digitalización acelera enormemente la puesta a disposición total de la realidad. Nos acostumbra a que todo sea inmediatamente alcanzable, disponible, calculable y consumible. De ese modo, debilita la atención. Ciertas actitudes del espíritu que, como la espera o la paciencia, nos darían acceso a lo indisponible se están desmoronando. La información que se presenta como estímulo fragmenta nuestra atención. La atención profunda no se guía por estímulos. De hecho, más bien se resiste a ellos e incluso los repele. Se asemeja a una oración: «Con la plenitud de la atención se puede pensar solo en Dios. Y viceversa: solo se puede pensar en Dios con la plenitud de la atención. [...] El mayor éxtasis es la plenitud de la atención».[8]

Hoy en día nos distraemos constantemente. Saltamos, tambaleándonos incluso, de una información a otra, de un estímulo a otro. Esta constante distracción ha bastado para que Dios nos haya abandonado: «Dios es la atención sin distracción».[9] Si no nos distrajéramos, estaríamos con Dios. Para encontrar a Dios bastaría con que *mirásemos atentamente a todas partes*: «La atención absolutamente pura, la atención que solo es atención, es la atención que se dirige a Dios, porque Él solo está presente mientras hay atención».[10] Lo que genera adicción no necesita atención alguna para desplegar sus efectos. La adicción funciona mejor cuanta menos atención le prestemos. Los estímulos que nos hacen adictos adormecen la atención. La actual *sociedad de la adicción* es una sociedad sin atención. La percepción se guía por la adicción y la dopamina. La adicción y la atención constituyen fuerzas antagónicas. También las redes sociales recurren a los adictivos algoritmos para convertir a las personas en dependientes y, de esa forma, controlarlas y dirigirlas. El *smartphone* es una *máquina digital de adicción*. En último término, incluso los buscadores, que no son sino máquinas de búsqueda, constituyen igualmente máquinas de adicción. Avivan la sed de caza.

El estímulo de la sorpresa alimenta el insaciable anhelo de información. La información cuenta con un margen de actualidad muy reducido. Derrama a toda prisa su estímulo y se desvanece. Así pues, no podemos demorarnos en ella. Su margen de actualidad, extremadamente corto, fragmenta la atención: «La atención requiere una duración; por eso no podemos mantenernos atentos frente a lo que cambia».[11] La atención profunda, contemplativa, se dirige hacia lo duradero, hacia lo que permanece y perdura. Lo verdadero es lo duradero. Y el dominio de la información lo destruye, ya que nos arrastra a un permanente torbellino de actualidad. Quien no es capaz de mantener una atención contemplativa, de mirar, no puede acceder a la verdad, al verdadero y duradero orden de las cosas.

Cuanto más indisponible se encuentra el interlocutor, más paciente, más expectante y más suplicante se vuelve la atención que dirigimos hacia él. La atención (*attention*) y la espera (*attendre*) se condicionan mutuamente. La atención profunda, como oración que es, se nutre del deseo, pero de un deseo que carece de un objeto disponible. El interlocutor al que se dirige la oración en tanto que atención profunda no nos convierte en adictos. En lugar de imponérsenos, se repliega en una ausencia, en una indisponibilidad. *Dios brilla por su ausencia*: «Dios solo puede estar presente en la creación en forma de ausencia».[12] La ausencia es «el modo de la presencia divina».[13] La oración se basa en una atención especial, en un «anhelo», que es «tenso», «pero no orientado hacia los objetivos».[14] Oramos, pero sin perseguir un fin concreto. *Nos abrimos a Dios*. La oración más elevada, la más hermosa, es la que *carece de deseos*, la que constituye una *escucha del silencio divino*.

El *pudor* es una actitud del espíritu que nos permite acceder a lo indisponible. Heidegger habla de la «lentitud del pudor titubeante ante lo irrealizable».[15] El pudor se dirige hacia lo indisponible: «El pudor es el pensamiento contenido, pacientemente inclinado y autocumplido que se dirige hacia aquello que se encuentra cerca, en una cercanía que se dedica exclusivamente a mantener [...] lejos una lejanía en su plenitud».[16] El pudor es una atención que se demora en la lejanía, en lugar de querer apropiarse de ella. «Solo se despierta allí donde aparece una lejanía». Cuando, como ocurre en la actualidad, todo tiene que ser inmediatamente alcanzable, disponible, desaparece la lejanía. El pudor se aparta ante el poder de disposición. La cercanía se diferencia de la ausencia de distancia en el hecho de que entraña lejanía. Nos acercamos a lo indisponible al *retroceder* ante él por pudor. Simone Weil escribe: «Retroceder ante el objeto que se persigue. Solamente lo indirecto resulta eficaz. [...] Al tirar del racimo caen las uvas al suelo».[17]

Una característica fundamental del bien es que no interrumpe la atención entendida como oración: «No hay otro criterio perfecto para el bien y para el mal que no sea el de la oración interior ininterrumpida. Está permitido todo aquello que no la interrumpa, y está prohibido todo aquello que lo haga».[18] El bien es indirecto, discreto, incluso *pudoroso*, mientras que el mal es invasivo. Así pues, si dejamos de prestar atención al bien, es posible que acabemos apartándonos de él. En cambio, si le dedicamos la suficiente atención, nos cautivará. El mal se comporta al revés: nos seduce, nos vuelve adictos. Solo la atención puede protegernos de él. Es un estímulo que sabe sortear la atención: «El mal [...] nos atrapa cuando no le prestamos nuestra atención».[19]

El mal se comporta como un virus que, sin que nos demos cuenta, se cuela en nuestra alma y se multiplica. Se expande a través de una infección viral que sabe cómo sortear nuestra atención. Esa infección también ha conquistado la comunicación digital. Los memes son virus que se expanden por las redes sociales. El alma humana les sirve prácticamente de huésped para su propagación. Solo una mayor atención permite organizar una defensa inmunitaria frente a la infección viral.

El bien une y reconcilia, mientras que el mal divide y disgrega. El mal es *multiforme*. El bien, en cambio, se basa en *la única verdad*. El bien se encuentra principalmente en el no hacer contemplativo, en la inactividad. Por el contrario, el mal se manifiesta como acción ciega: «El bien es esencialmente diferente del mal. El mal es múltiple y fragmentario, el bien es uno; el mal es aparente, el bien es misterioso; el mal se basa en acciones, el bien, en una no acción, en una acción inoperante».[20]

Simone Weil considera que el mal o la violencia se explican por una deficiente atención y que la atención es, en cierto modo, un filtro que permite separar el bien del mal. Por tanto, si fuésemos capaces de prestar más atención —una atención semejante a la oración—, habría menos violencia en el mundo. De acuerdo con esta *ética de la atención* de Simone Weil, quince minutos de atención tienen más peso que las buenas acciones: «Hay algo en nuestra alma que rechaza la verdadera atención mucho más violentamente de lo que la carne rechaza el cansancio. Ese algo está mucho más próximo del mal que la carne. Por eso, cuantas veces se presta verdadera atención, se destruye algo del mal que hay en uno mismo. Si la atención se enfoca en ese sentido, un cuarto de hora de atención es tan valioso como muchas buenas obras».[21]

Bajo la presión de la actividad y el rendimiento olvidamos la mirada contemplativa y la escucha, que serían una no acción, una *inactividad*: «Atención: acción inoperante de la parte divina del alma».[22] La atención contemplativa es inoperante —esto es, inactiva— en la medida en que carece de voluntad. Sin embargo, entregamos esta parte divina del alma en beneficio de la otra parte inferior y natural, que se guía por la voluntad. Pero un acto de voluntad no alcanza la presencia de Dios. La atención es «un esfuerzo negativo».[23] A diferencia del esfuerzo de la voluntad, que desea apresar activamente los objetos, la atención es pasiva y paciente. Lo que la caracteriza es la inactividad: «Hay para cada ejercicio escolar una manera específica de alcanzar la verdad mediante el deseo de alcanzarla y sin necesidad de *buscarla*. Hay una manera de prestar atención a los datos de un problema de geometría sin *buscar* su solución, a las palabras de un texto latino o griego sin *buscar* su sentido; hay una manera de *esperar*, cuando se escribe, a que la palabra justa venga *por sí misma* a colocarse bajo la pluma, rechazando simplemente las palabras inadecuadas».[24]

Hoy en día somos adictos a la búsqueda. El alma misma se convierte en un buscador. De ese modo pierde toda serenidad, todo silencio. Se queda sin la atención contemplativa como esfuerzo negativo que *espera*, en lugar de *buscar activamente*. Simone Weil atribuye la carencia de presencia de ánimo a «la pretensión de ser *activo*, de querer *buscar*».[25] Sin duda, en este punto coincidiría con Kafka: «Quien busca no encuentra, pero quien no busca es encontrado».[26] Quien busca no alcanza la gracia. Es Dios quien busca al ser humano. La búsqueda por parte del ser humano solo conduce al agotamiento. Simone Weil cita un himno medieval sobre el Juicio Final: «*Quaerens me sedisti lassus*» («buscándome, tuviste que sentarte, agotado»).[27] La virtud cristiana no es una búsqueda, una acción, sino una espera y una mirada: «En ningún pasaje del Evangelio se habla de búsquedas emprendidas por el hombre. El hombre no da un paso [...]. El papel de la futura esposa es esperar».[28] Lo valioso viene a nosotros sin que tengamos que hacer ningún esfuerzo intencionado. La atención no se dirige a la búsqueda: «Los bienes más preciados no deben ser buscados, sino esperados. Pues el hombre no puede encontrarlos por sus propias fuerzas y, si se pone en su búsqueda, solo encontrará en su lugar falsos bienes, cuya falsedad no sabrá discernir».[29]

La parte divina y sobrenatural del alma mira y escucha en la pasividad de la obediencia. Obedecer, entendido como el acto de oír atentamente, es lo contrario a un acto de la voluntad: «El esfuerzo por el que el alma se salva se asemeja al esfuerzo por el que se mira, por el que se escucha. [...] Es un acto de atención y de consentimiento. Por el contrario, lo que suele llamarse voluntad es algo análogo al esfuerzo muscular. La voluntad corresponde al nivel de la parte natural del alma. [...] Y en los actos de obediencia a Dios se es pasivo; [...] hay solamente espera, atención, silencio, inmovilidad a través del sufrimiento y la alegría».[30]

La voluntad «no opera en el alma ningún bien».[31] Solo

la atención paciente promete salvación: «La actitud que lleva a la salvación no se parece a ninguna actividad. Viene expresada por la palabra griega *hypomone*, que *patientia* traduce bastante mal. Es la espera, la inmovilidad atenta y fiel que se prolonga indefinidamente y a la que ningún impacto puede hacer estremecer».[32] La búsqueda activa es «perjudicial». Conduce «al error».[33] La búsqueda se opone a la gracia. Solo quien espera fervorosamente recibe esa gracia.

El acto más elevado acontece sin que medie un esfuerzo de la voluntad. Se asemeja a una inactividad: «En un cuento de Grimm se celebra un concurso de fuerza entre un gigante y un sastrecillo. El gigante lanza una piedra a una altura tal que tarda mucho tiempo en caer. El sastrecillo suelta un pájaro que no cae. Lo que no tiene alas acaba siempre por caer».[34] Quien solo sabe esforzarse con su voluntad o con sus músculos queda expuesto a la fuerza de la gravedad. Se agota y cae al suelo. Solo la gracia nos aporta alas. Es la inactividad lo que *da alas* al alma. El esfuerzo de la voluntad por sí solo no nos permite alzarnos hasta el cielo: «La dirección vertical nos está prohibida. Pero si miramos largamente al cielo, Dios desciende y nos toma fácilmente».[35] Simone Weil retoma unas palabras de Esquilo: «Lo divino es ajeno al esfuerzo».[36] La inactividad no es más que la ausencia de esfuerzo. Quien permanece *inactivo* se acerca a lo divino.

Solo la lectura atenta nos ofrece, frente a la gravedad, un acceso a esferas superiores del ser. Sin una profunda atención *no podemos leer a Dios*. Así pues, la experiencia de Dios es una *cuestión de lecturas*: «Lecturas superpuestas: leer por detrás de lo sensacional la necesidad, leer por detrás de la necesidad el orden, leer por detrás del orden a Dios».[37] Para leer, no necesitamos especialmente las informaciones en tanto que estímulos. De hecho, precisamente por ser estímulos nos importunan de manera directa. Lo que sí requiere la lectura, en cambio, es atención.

De hecho, la religión remite a la atención incluso desde el punto de vista etimológico: el vocablo *religio* procede de *relegere* ('releer'), que alude a «la actitud de escrúpulo y de atención que debe imprimirse a las relaciones con los dioses».[38] Quien no está atento es incapaz de tejer una relación con los dioses. En nuestros días, la atención ha sido arrasada por completo. Por tanto, tampoco podemos *leer atentamente*. Y debido a esta falta de capacidad lectora nos alejamos de Dios. Sin una atención profunda, la lectura se somete a la gravedad, que nos impide ver el verdadero orden de las cosas: «Lecturas. La lectura —con la excepción de una atención de cierta calidad— obedece a la gravedad».[39]

La atención alcanza su máxima pureza en la oración: «La atención absolutamente pura y sin mezcla es oración».[40] La atención, de hecho, constituye la esencia de la oración. La calidad del rezo depende de la intensidad de la atención: «Solo la parte más elevada de la atención entra en contacto con Dios, cuando la oración es lo bastante intensa y pura como para que el contacto se establezca».[41] Sin embargo, hoy en día nuestra atención está tan embotada y es tan plana que carece de la elevación necesaria para contactar con Dios. Le falta la *verticalidad*. Nuestra atención está absorta en el consumo de estímulos. Por eso se vuelve *llana*, carente de toda profundidad, de toda elevación. Hemos perdido la capacidad de la atención religiosa, de la oración: «La plenitud de la atención no se da más que en la atención religiosa».[42] Todos los tipos de atención profana son «formas degradadas de la atención religiosa».[43]

Para Simone Weil, en última instancia se trata de contemplar cualquier actividad humana como un proceso espiritual. Más allá de la inmanencia del trabajo y la producción, esa actividad se eleva hasta convertirse en una parábola, en una *imagen* de la trascendencia. De ese modo, hasta un ejercicio de geometría puede adquirir una dimensión espiritual. *La atención es espiritualidad*: «La solución de un problema de geometría no es en sí misma un fin valioso, pero también se le aplica la misma ley, pues es la imagen de un bien que sí lo es. Siendo un pequeño fragmento de verdad particular, es una imagen pura de la Verdad única, eterna y viva».[44]

La atención también presenta una dimensión social. Por eso su declive tiene graves consecuencias para las relaciones interpersonales. Tanto la empatía como el respeto se basan en la *atención al otro*. La sociedad se embrutece cuando pierde esa atención al otro. La carencia de este tipo de atención genera también un incremento de la violencia.

Solo es posible prestar atención plena al otro cuando el alma se encuentra vacía, una vez liberada de esa imaginación que aspira permanentemente a apropiarse del prójimo. La imaginación y el vacío son fuerzas antagónicas. El vacío es la posada que recibe al otro tal y como es, en su otredad y sin injerencia ni mezcla del yo: «Para ello es suficiente, pero indispensable, saber dirigirle [al prójimo] una cierta mirada. Esta mirada es, ante todo, atenta; una mirada en la que el alma se vacía de todo contenido propio para recibir al ser al que está mirando tal cual es, en toda su verdad. Solo es capaz de ello quien es capaz de atención».[45]

Según Simone Weil, la mirada posee una importancia enorme: «Una de las verdades capitales del cristianismo, hoy olvidada, es que lo que salva es la mirada».[46] Alude a la «serpiente de bronce»[47] de Moisés, cuya mirada salva a quien es mirado: «La serpiente de bronce ha sido elevada a fin de que los hombres que yacen mutilados en el fondo de la degradación la miren y se salven».[48] Simone Weil reduce la religión a la mirada: «Pero también debería reconocerse pública y oficialmente que la religión consiste tan solo en una mirada [*un regard*]».[49] La mirada se amplía hasta convertirse en una forma de expresión de la atención. Así, la autora habla también de la mirada del alma: «El amor es la *mirada del alma*».[50] El amor se basa en la mirada como atención del alma. Igualmente hermosa es la formulación «mirada del pensamiento».[51] *Solo un pensamiento atento puede tener una mirada.* El *pensamiento sin mirada* se asemeja a la inteligencia, al *cálculo*, *que no produce nada nuevo*. En cambio, el *pensamiento con mirada* produce algo que hasta ese momento concreto no existía.

La mirada atenta, que salva, se opone a la mirada sartriana, que me reduce a un objeto y que me evalúa, me juzga e incluso me condena. La mirada de Sartre es una mirada *natural*, en la medida en que está dominada por la economía del poder. Despierta un sentimiento de vergüenza en la persona mirada. La vergüenza es «*reconocimiento* de que efectivamente *soy* ese objeto que otro mira y juzga».[52] La mirada del otro se apodera de la mía y me aleja de mí mismo. Me constituye como objeto. La vergüenza expresa esa *culpa ontológica* de *no ser el fondo de mi ser*. De *no ser dueño de mi ser*. Indica que he sido *arrojado* al mundo o que he *caído* en él, que he sido *entregado* a la mirada del otro, que me desnuda y me humilla. «La vergüenza es el sentimiento de la *caída original*, no de haber cometido una determinada falta, sino, simplemente, de estar "caído" en el mundo [...]. Por eso el símbolo bíblico de la caída, después del pecado original, es que Adán y Eva "saben que están desnudos"».[53] Solo la mirada del otro hace que me percate de mi desnudez. La vergüenza implica la mirada del otro que desnuda, que me cosifica hasta convertirme en un objeto.

La mirada atenta no es una mirada natural, sino una mirada sobrenatural. Trasciende la economía del poder. Se trata de una *mirada amorosa, amigable*. Quien presta atención al otro se contiene. La mirada atenta no me aleja de mi ser. Más bien vela por que me reencuentre conmigo mismo. Me ayuda a *ser*, en lugar de apoderarse de mi mirada. La mirada atenta del otro, en tanto que mirada sobrenatural, es una *mirada salvadora*, que ni me juzga ni me condena. No señala la caída original, sino la gracia, que me *redime* y me *eleva*, en lugar de dejarme *caer*.

Simone Weil constata de manera lapidaria que «el espíritu es atención».[54] El espíritu es creador. Cuando es atención, no se dedica a lo que ya existe. Al contrario: a través de la atención, produce lo que *nunca antes ha existido*, lo *completamente distinto*. En cambio, la inteligencia carece de esa atención creadora: «La inteligencia nada tiene que buscar: tiene que limpiar el terreno. Tan solo es útil para las tareas serviles».[55] Lo máximo que puede hacer la inteligencia es despejar los problemas, como se despejaría un terreno, pero pensar supone algo más que resolver problemas. La atención de la que se suele hablar en el ámbito de la investigación sobre la inteligencia artificial no va más allá de la mera resolución de problemas. Se limita a realizar un procesamiento algorítmico de datos que se reducen a lo *ya dado y existente*. La inteligencia artificial *carece de espíritu*. Le falta la *atención creadora*. Debido a esa ausencia de espíritu, únicamente puede *trabajar* o *calcular*. Solo es útil *en tanto en cuanto el espíritu no se someta a ella*. De lo contrario, nos convertiremos, una vez más, en esclavos de nuestras propias producciones.

Toda capacidad creadora del ser humano tiene su origen en la atención profunda: «La atención extrema es lo que constituye la facultad creadora del hombre, y no existe más atención extrema que la religiosa. La magnitud del genio de una época es rigurosamente proporcional a la magnitud de atención extrema, es decir, de religión auténtica, en dicha época».[56] Por consiguiente, esta carencia de atención explica por sí sola que nuestro presente sea tan pobre en genialidad creadora. La genialidad creadora y la religiosidad hunden sus raíces comunes en la atención profunda, contemplativa. Por eso, la crisis de la religión provoca una falta de genialidad.

Solo la atención es capaz de producir algo completamente nuevo: «La invención, precisamente. Una idea es nueva cuando se nos ocurre mientras mantenemos la atención dirigida hacia la verdad inaccesible».[57] Toda inspiración genial se debe a la atención profunda. Todo espíritu creador es un *genio de la atención*. Simone Weil concibe la atención como un *anhelo suplicante*: «En cada espíritu creador (de un poeta, un compositor, un matemático, un físico, etc.) la fuente desconocida de la inspiración es ese bien hacia el que se dirige un anhelo suplicante. Todos saben, por su experiencia constante, que reciben la inspiración».[58] En este sentido, Simone Weil es totalmente platónica. Esa verdad inaccesible, ese bien al que aspira un anhelo suplicante, remite a la *idea de la belleza* en Platón, autor que no diferencia lo bello de lo bueno. La visión de lo bello empuja al alma a producir por sí misma algo bello. El acto de *engendrar en la belleza* depende de una atención productora. El Eros como deseo, como anhelo suplicante, despierta en el alma una fuerza capaz de engendrar. Los «hijos inmortales» engendrados por Eros son «obras». Tanto los poemas como las acciones políticas bellas son obras de Eros. La *política de la belleza* es aquella que, en lugar de guiarse por el poder, se deja llevar por el Eros. Y mantiene su atención fija en ese *bien*.

Simone Weil ilustra con un cuento el concepto de la atención productora: «Un cuento esquimal explica así el origen de la luz: "El cuervo, que en la noche eterna no podía encontrar alimento, deseó la luz y la tierra se iluminó". Si hay verdadero deseo, si el objeto del deseo es realmente la luz, el deseo de luz produce luz. Hay verdadero deseo cuando hay esfuerzo de atención».[59]

El deseo es Eros. Hoy en día vivimos en un *tiempo sin Eros*. El deseo cede ante la necesidad. A diferencia del deseo, la necesidad no requiere una atención profunda. *Sin embargo, el espíritu es deseo.* Así pues, la época de la necesidad es una *época sin espíritu.*

La atención es, en palabras de Simone Weil, la «palanca en el alma»[60] que la eleva a una esfera superior del ser. A partir de ahí, la autora se pregunta cuál puede ser la «palanca en la sociedad»: «¿Qué relación existe entre lo sobrenatural y la sociedad? Se podría decir tal vez que la palanca en la sociedad es la religión [...]. Pero ¿en qué sentido? La "palanca" en la sociedad es lo bello, las ceremonias, etc.; la religión, por tanto».[61] Sin religión que nos eleve hacia lo trascendente, la vida queda reducida a mera supervivencia: se desacraliza hasta no ser más que una vida simple, desnuda. La inmanencia de la producción, el consumo y la comunicación despoja a la vida de toda *sacralidad*. Lo interesante es que Simone Weil subraya de manera particular la importancia de las ceremonias, esas prácticas festivas, religiosas, que aportan belleza, magia y misterio a la vida. Son *ejercicios espirituales de atención. Elevan y espiritualizan la vida.* Sin magia y sin misterio, sin lo *sobrenatural*, la vida deja de ser vida. La máxima belleza, la que permite que la vida sea algo más que mera supervivencia, es una belleza *religiosa*.

Precisamente por la falta de atención hoy en día hay tan pocos pensadores y poetas en el mundo. El pensamiento exige una atención profunda. Heidegger lo concibe desde la perspectiva del Eros. El *Eros como anhelo, como deseo*, es atención profunda. Gracias al Eros, el pensamiento se mantiene tenazmente en la senda de lo aún no pensado, de lo aún no transitado: «Lo llamo el Eros, el más antiguo de los dioses en palabras de Parménides. El batir de las alas de ese dios me conmueve cada vez que doy un paso esencial en el pensamiento y me aventuro en lo intransitado».[62] El pensamiento es un tránsito, una pasarela hacia *otro lugar*. Por tanto, permanece en el *umbral*. Lo que lo define es la *conciencia del umbral*, el *estado del umbral como espera*. Sin atención, *sin espera y paciencia*, no es posible un pensamiento como *punto de partida hacia lo completamente distinto*. Las siguientes palabras de Simone Weil también podría haberlas pronunciado el propio Heidegger: «La espera es la pasividad operante del pensamiento».[63] El pensamiento se caracteriza por una tensión paradójica. Se trata de una *inactividad actuante*, de una *pasividad activa*. Quien se limita a ser activo y operativo es incapaz de pensar. La actividad pura es precisamente el *modo de trabajo de la inteligencia calculadora*.

Hoy no tenemos paciencia ni tiempo para pensar: «El tránsito hacia lo trascendente se produce cuando las facultades humanas —inteligencia, voluntad, amor humano— se topan con un límite y el ser humano permanece en ese umbral, que no puede traspasar y del que tampoco se aparta, sin saber lo que desea, tenso en la espera».[64] Simone Weil califica de humildad la *permanencia paciente en el umbral*: «La humildad es espera».[65] La verdadera atención requiere una actitud humilde. No es casualidad que Heidegger conciba el pensamiento desde la perspectiva de la gratitud: «Aprended primero a agradecer y así podréis pensar».[66] Pensar es agradecer. Todo genio debe su inspiración a la humildad, a la espera paciente. El pensamiento es una recepción que da las gracias con humildad. En este sentido, Simone Weil observa: «El genio es el poder sobrenatural de la humildad en el ámbito del pensamiento».[67]

En Sócrates, el pensamiento posee la intensidad de la oración. En el *Banquete*, se recoge una célebre anécdota sobre este filósofo que demuestra hasta dónde podía llegar su atención sobrenatural, divina, incluso. En este sentido, Sócrates constituye el prototipo del genio de la atención. Para pensar, se colocaba *en posición de rezo*: «En efecto, habiéndose concentrado en algo, permaneció de pie en el mismo lugar desde la aurora meditándolo, y puesto que no le encontraba la solución no desistía, sino que continuaba de pie investigando. Era ya mediodía y los hombres se habían percatado y, asombrados, se decían unos a otros: "Sócrates está de pie desde el amanecer meditando algo". Finalmente, cuando llegó la tarde, unos jonios, después de cenar —y como era entonces verano—, sacaron fuera sus petates, y a la vez que dormían al fresco le observaban por ver si también durante la noche seguía estando de pie. Y estuvo de pie hasta que llegó la aurora y salió el sol. Luego, tras hacer su plegaria al sol, dejó el lugar y se fue».[68]

Paul Celan concibe la poesía desde la perspectiva de la *atención al otro*. Así, el poema es una oración que se dirige hacia ese otro: «"La atención —permítanme seguir el ejemplo de Walter Benjamin en su ensayo sobre Kafka y citar aquí unas palabras de Malebranche—, la atención es la oración natural del alma". El poema se convierte [...] en el poema de alguien que —todavía— está percibiendo, que se vuelve hacia lo que está apareciendo e interroga a esa aparición, le dirige la palabra; se convierte en un diálogo [...]. Se requiere, ante todo, el espacio de este diálogo para que se constituya aquello a lo que la palabra se dirige y que se va reuniendo en torno al yo a medida que este habla y nombra. No obstante, en el presente que se abre con este acto, aquello que la palabra nombra y que, en ese momento, por decirlo así, se transforma en un tú aporta también su ser diferente. Todavía ahí, en el aquí y el ahora del poema [...], todavía en esa inmediatez y cercanía con respecto a sí mismo, el poema permite también que hable lo más irreductible que el otro posee: su tiempo».[69] El poema saca a colación el *tiempo del otro*, el *tú*, interrumpiendo el *tiempo del yo*. Celan desarrolla aquí una *poética de la atención*. El poema es un diálogo. Se basa en la *atención al otro*.

También para Emmanuel Lévinas la atención supone un «excedente de conciencia que supone la llamada del Otro».[70] El otro exige atención. El pensamiento de Lévinas es una *ética del otro* como *ética de la atención*. Sin atención nos volvemos sordos a la *llamada del otro*. Solo en la atención hacia el otro «el yo se trasciende».[71]

La caridad también requiere de la atención creadora, porque hace visible lo invisible, proporciona existencia a la inexistencia: «La caridad para con el prójimo, al estar constituida por la atención creadora, es análoga al genio. La atención creadora consiste en prestar atención a algo que no existe. La humanidad no existe en la carne anónima e inerte al borde del camino. El samaritano que se detiene y mira presta sin embargo atención a esa humanidad ausente y los actos que se suceden a continuación dan testimonio de que se trata de una atención real».[72] También la fe está constituida por la atención creadora, en tanto en cuanto nos capacita para *ver lo invisible*. En ese sentido se asemeja al amor: «La fe, dice san Pablo, es la visión de cosas invisibles. En ese momento de atención, la fe está tan presente como el amor. [...] El amor ve lo invisible».[73]

La atención al otro es *sobrenatural* en la medida en que se opone a la gravedad, a la economía del poder, que busca maximizar el yo. Requiere la retirada de uno mismo. También es sobrenatural la *amabilidad* (*gentillesse*) *sin un propósito*, la *sonrisa sin un propósito*. El poder como expansión de uno mismo destruye la atención entendida como atención al otro. Quien presta atención al otro consiente el *vacío*, la *renuncia a sí mismo*. La *energía para el otro* es sobrenatural: «Cristo nos enseñó que el amor sobrenatural al prójimo es el intercambio de compasión y gratitud que se produce como un relámpago entre dos seres, uno de los cuales posee la condición de persona humana mientras que el otro está privado de ella. [...] Solo uno se detiene y le presta atención. [...] Esta atención es creadora, pero, en el momento en que se activa, es renuncia. Al menos, si la atención es pura. El hombre acepta una merma *concentrándose para un gasto de energía que no aumentará su poder*».[74]

En una carta a Joë Bousquet escribe Simone Weil: «La atención es la forma más rara y más pura de la generosidad [*générosité*]».[75] La atención se concede como un *regalo*, un *don puro*, que no exige retribución ni contrapartida. Posee *rasgos asimétricos*. En cambio, la economía, como simetría que es, nos roba la generosidad. La atención al otro es el *ethos por antonomasia*. La ética de Weil es una ética de la atención. Y contrapone a la política —cuyo medio es el poder— una *política de la atención*. Por eso la autora aboga por una abolición general de los partidos, dado que el único objetivo que persiguen es «su propio crecimiento».[76] Los partidos son «organizaciones [...] constituidas de tal manera que matan en las almas el sentido de la verdad y de la justicia».[77] El poder bloquea la atención hacia la verdad y la justicia. La *política de la atención* deposita su confianza en su energía productora: «Pero ¿cómo desear la verdad sin saber nada de ella? He ahí el mayor misterio de todos los misterios. Las palabras que expresan una perfección inconcebible para el ser humano —*DIOS, verdad, justicia*—, cuando las pronunciamos con deseo en nuestro interior, sin asociarlas a ninguna concepción, poseen el poder de elevar el alma y de inundarla de luz. Para recibir esa luz hay que desear la verdad en su vacío, sin intentar adivinar de antemano su contenido. En eso consiste todo el mecanismo de la atención».[78]

Simone Weil amplía el concepto de atención hasta convertirlo en una capacidad, en una energía espiritual que puede trasladarse de un área a otras. La atención *produce la luz que permite ver*. Mejora la capacidad de lectura y agudiza el espíritu: «Aunque los esfuerzos de atención fuesen durante años aparentemente estériles, un día, una luz exactamente proporcional a esos esfuerzos inundará el alma. Cada esfuerzo añade un poco más de oro a un tesoro que nada en el mundo puede sustraer. Los esfuerzos inútiles realizados por el cura de Ars durante largos y dolorosos años para aprender latín aportaron sus frutos en el discernimiento maravilloso que le permitía percibir el alma misma de los penitentes detrás de sus palabras e incluso detrás de su silencio».[79]

La atención alcanza su cenit en el momento en el que abandona cualquier voluntad, cualquier propósito, y se queda *sin yo*. El yo *se vacía* hasta convertirse en un *nadie*, en un mero medio. Quien mira no es yo, sino *nadie*: «La atención se halla ligada al deseo. No a la voluntad, sino al deseo. [...] En una empresa así, todo lo que yo denomino "yo" debe ser pasivo. De mí solo se requiere la atención, esa atención que es tan plena que hace que el "yo" desaparezca. Privar de la luz de la atención a todo aquello que yo denomino "yo", y dirigirla a lo inconcebible».[80]

Para multiplicarse, el capital intenta que todo se incorpore a su circuito. Incluso la espiritualidad, que en realidad podría ser una fuerza opuesta a él, se convierte en su víctima. La floreciente industria del mindfulness reduce la espiritualidad hasta convertirla en una técnica para aumentar el rendimiento y la eficiencia, una técnica para la autooptimización o para la reducción del estrés. Estamos aquí ante un *consumo espiritual*. La atención se somete al autocuidado y a la autogestión neoliberal. Una vez más, todo gira fundamentalmente en torno al ego. Se silencia la *atención social* en cuanto *atención al otro*.

El capitalismo lo somete todo al consumo y a la producción. Acapara incluso la espiritualidad. La religión y el capitalismo vuelven a entablar una estrecha relación entre sí, como ocurrió antaño con el protestantismo, que se puso al servicio del capital, haciendo que la salvación dependiera de aspectos económicos. El éxito en la adquisición de capital es lo único que proporciona la *certitudo salutis*, es decir, la certeza de que se escapará a la condenación, esto es, de que se forma parte del grupo de los elegidos. El mindfulness es la espiritualidad del régimen neoliberal. Pone la espiritualidad a entera disposición de la producción y del rendimiento. De ese modo, excluye por completo la posibilidad de *espiritualizar la tarea futura, el trabajo en sí*.

DESCREACIÓN

Dios mío, concédeme
que me convierta en nada.

Simone Weil

En su artículo «Bartleby o de la contingencia», Agamben desarrolla una idea de la descreación (*decreazione*) que se asemeja en buena medida al concepto de descreación (*décréation*) de Simone Weil. Todo indica que, en realidad, Agamben retoma el concepto de Simone Weil, aunque en ningún momento mencione a esta autora. Sin embargo, la conoce. La ha estudiado intensamente. De hecho, siente verdadera fascinación por sus ideas. En sus años de universidad incluso escribió una tesis sobre ella, aunque hasta ahora ha guardado silencio sobre este texto, aún no publicado. De ese modo, calla su «deuda teórica»[1] para con Simone Weil.

En su artículo «Bartleby o de la contingencia», pues, Agamben desarrolla la idea de la descreación y eleva a Bartleby a la altura de una figura mesiánica. De acuerdo con su interpretación teológica, Bartleby encarna esa «potencia absoluta» (*potentia absoluta*) que está en el origen de toda la creación: «Esa es la constelación filosófica a la que pertenece Bartleby, a la que pertenece el escribiente. Y, como escriba que ha dejado de escribir, constituye la figura suprema de la nada de la que procede toda la creación y, al mismo tiempo, la reivindicación más implacable de esa nada como potencia pura y absoluta. El escribiente se ha convertido en una tablilla de escribir, ya no es nada más que su propio folio en blanco».[2] Al abandonar su actividad como «copista», Bartleby se transforma en una hoja en blanco en la que aún no hay nada escrito. Y esa nada es, según Agamben, el origen de la creación. En calidad de «escribiente celestial»,[3] renuncia a las «letras muertas» en beneficio del «espíritu». Completa la creación *descreándose*, es decir, convirtiéndose en *nada*; una nada de la que surge la creación: «La creación que ahora tiene lugar no es ni una recreación ni una eterna repetición, sino una descreación, en la que se devuelve a lo que ha ocurrido y a lo que no ha existido la unidad primigenia que tenían en la mente de Dios».[4]

A diferencia de la interpretación de Agamben, el Bartleby de Herman Melville no permite una lectura teológico-mesiánica que identifique en él una potencia divina, una *potentia absoluta*, porque aquí el personaje desarrolla síntomas característicos de la neurastenia, un tipo de depresión. En *Bartleby, el escribiente*, Merville no plasma una teología de la potencia absoluta, sino una patología propia de su tiempo. La fórmula «*I would prefer not to*» («preferiría no hacerlo») remite a un absoluto no poder, a la total apatía en la que se hunde Bartleby. Este personaje ni siquiera es capaz de comer. Se lo presenta como un «barco naufragado en medio del Atlántico».

Y, como tal barco naufragado, no puede encarnar ninguna *potentia absoluta*. Quien está deprimido se siente *enterrado en vida o emparedado*, completamente desligado del mundo. En el relato se habla a menudo de muros. De hecho, la oficina de Bartleby se encuentra justo en Wall Street y está rodeada de *dead wall*. Los muros se asocian, pues, a la muerte. Al final del cuento, Bartleby acaba en una cárcel rodeada de gruesos muros que se asemejan a tumbas. Sus «ojos turbios» no remiten a la potencia absoluta, sino más bien a una pérdida total de conexión con el mundo. Así, Bartleby no representa la descreación, sino el *agotamiento*.

En realidad, para su idea de la descreación Agamben no debería haber aludido a Bartleby, sino a Simone Weil, a la que debe este concepto. De hecho, Weil definió la *descreación* justo en el mismo sentido que emplea Agamben: «Descreación: hacer que lo creado pase a lo increado».[5] La descreación nos conduce más allá de lo creado y nos acerca al acto divino de la creación. En cambio, cuando nos aferramos a lo ya creado, nos alejamos de la creación divina. Si nosotros, como criaturas surgidas del amor de Dios, nos descreamos, es decir, renunciamos al yo y nos transformamos en *nada*, estamos participando de la potencia absoluta de Dios. Nos convertimos en cocreadores. Pero lo que cuenta, lo que nos capacita para crear, no es el poder, sino el amor: «Únicamente cuenta el amor sobrenatural. Por eso somos cocreadores. Participamos en la creación del mundo al descrearnos nosotros mismos».[6]

La creación se consuma cuando entregamos nuestro yo por amor a Dios. La descreación como «consumación trascendente de la creación» es una «extinción en Dios».

Brinda a la «criatura extinguida» la «plenitud del ser».[7] Acceder a no ser nada por amor no es destruirse, sino ascender a una realidad más elevada.[8] Con la idea de la descreación, Simone Weil formula el principio de cualquier mística: quien se suicida despierta a un modo superior del ser. Crece más allá de sí mismo hacia la vida auténtica: «Si el grano no muere... Debe morir para liberar la energía que lleva en sí con el fin de que se formen a partir de él otras combinaciones. De igual manera debemos nosotros morir para liberar la energía *afectada*».[9] También el dolor nos enseña que, como criaturas, en última instancia no somos *nada*. Para eso sirve realmente el dolor: «Si pensara que Dios me enviaba el dolor merced a un acto de su voluntad y por mi bien, me creería algo, y desaprovecharía la principal utilidad del dolor, que es la de hacerme ver que no soy nada. [...] Y sí, [hay que] amar a Dios a través del dolor. Debo amar que no soy nada. Qué horrible sería si yo fuera algo. Amar mi nada, amar ser nada. Amar con la parte del alma situada del otro lado del telón, porque la parte del alma perceptible para la consciencia no puede amar la nada, pues siente horror de ella».[10]

Gracias a la descreación, nos convertimos en mediadores entre Dios y la creación. Acceder a no ser *nada* permite apartar el muro divisorio que separa a Dios de su creación. La descreación es el amor de la criatura hacia Dios, ese amor que completa la creación: «Tenemos la posibilidad de actuar de mediadores entre Dios y la parte de creación que se nos ha confiado. Es obligado nuestro consentimiento para que él perciba a través nuestro su propia creación. Con nuestro consentimiento realiza esta maravilla. Bastaría con que yo me retirara de mi propia alma para que esta mesa que tengo ante mí tuviera la incomparable fortuna de ser advertida por Dios. Dios no puede querer de nosotros más que ese acceder a retirarnos para que le dejemos pasar».[11]

Hoy en día, bajo la presión de la autenticidad, tratamos desesperadamente de ser *algo*, *alguien*. La autenticidad es lo opuesto a la descreación, que nos invita a no ser *nada*, *nadie*; a practicar la autorrenuncia. Y el imperativo de la creatividad, que obedece a la lógica neoliberal de la producción, nos impide ver la verdadera creación. El delirio neoliberal de la creatividad resulta miserable si lo comparamos con la grandiosidad de la creación divina, con la belleza del universo, que constituye un sacramento. Cualquier producción humana que se pueda calificar de *creación* requiere una autorrenuncia. El genio de la atención carece de yo. La creación se recibe como una gracia: «Si bien en el arte y la ciencia una producción de segundo orden, brillante o mediocre, es extensión de sí, la producción de primer orden, la creación, es renuncia de sí».[12]

Otra de las razones estructurales de la crisis de la religión, más allá del declive de la atención, es el enorme fortalecimiento del yo. En la actualidad, nuestra atención gira única y exclusivamente en torno al yo. Celebramos el culto, el oficio religioso del yo, en el que cada cual es *sacerdote de sí mismo*. En el vocabulario del régimen neoliberal, el *sacerdote de uno mismo* es el equivalente del *empresario de uno mismo*. Cada persona *se produce* y *se presenta a sí misma*. El ruidoso yo mantiene a Dios alejado de nosotros: «Cuando se venera a Dios en un ser humano, ese ser debe convertirse en un objeto a través de la pasividad, debe sufrir una pasión y sufrirla, además, en silencio».[13] La pasividad del objeto se opone diametralmente a la permanente actividad del actual sujeto del rendimiento. El sujeto activo, que es incapaz de sufrir pasión alguna, no tiene acceso a Dios, a la verdadera creación.

El pensamiento de Weil es radical. Muchas de sus ideas son realmente sagaces. Esta sagacidad dramática va acompañada de un gesto profético: «Dos tendencias extremas: destruir el yo en provecho del universo o destruir el universo en provecho del yo. El que no ha sabido convertirse en nada corre el riesgo de que llegue un momento en que todas las cosas que son distintas a él dejen de existir».[14] Estas palabras proféticas dan mucho que pensar, en vista de la creciente destrucción del planeta Tierra, al que explotamos y sometemos por entero a nuestras necesidades y nuestros objetivos.

La capacidad de ser yo, de decir «yo», no es solo una ventaja: también es una importante traba, porque el yo estrecha enormemente la visión del mundo. Al renunciar de manera amorosa a mi yo por Dios, al convertirme en *nadie*, en *nada*, me transformo en el ojo limpio de Dios a través del cual contempla su creación, sin que el yo dañe ni distorsione nada. Se trata de que nos retiremos de nuestra alma, de que *vaciemos* el alma para que las cosas experimenten el gozo de ser vistas por Dios: «Todas las cosas que veo, oigo, huelo, como y toco, todos los seres que conozco, a todos los privo del contacto con Dios, y a Dios lo privo del contacto con todo ello en la medida en que algo en mí dice "yo". Alguna cosa puedo hacer yo por todo ello y por Dios, a saber, retirarme, respetar ese cara a cara».[15] La retirada del yo conduce a una «perfecta unión amorosa entre Dios y la tierra que piso o el mar que oigo».[16]

Hay que alcanzar una *contemplación pura* en la que dejemos de inmiscuirnos. Para ello se requiere un *crecimiento extremo de la atención*, de manera que el yo acabe siendo absorbido por esta atención: «Ver un paisaje tal y como es cuando yo no estoy en él. Cuando estoy en cualquier lugar, contamino la quietud del cielo y de la tierra con mi respiración y con el latido de mi corazón».[17] La contaminación se refiere aquí al hecho de que ejercemos poder sobre lo que vemos: «Lo bello es lo que no puedo querer cambiar. Tener poder sobre algo es contaminarlo. Poseer es contaminar».[18] Nos apoderamos de las cosas para satisfacer nuestros objetivos y necesidades, y, al hacerlo, las contaminamos, les arrebatamos su belleza.

La voluntad de apropiación destruye la belleza. Solo una percepción que renuncie a toda anexión, una atención profunda y contemplativa, salva a las cosas y revela su belleza liberándolas de todas las inmundicias de la apropiación. La atención superficial solo se dirige hacia la inmundicia. Lo que se impone a nuestra percepción son los desechos: «Nuestros productos ya tienen un sentido, un sentido plano, superficial, y resultan más fáciles de percibir cuanto menos elaborados sean, cuanto más se parezcan a desechos. Imágenes, desechos de cuadros; logotipos, desechos de escritura; carteles publicitarios, desechos de visión; anuncios sonoros, desechos de música. Estos sencillos y vulgares signos se imponen por sí mismos a la percepción y alteran el paisaje más complejo, discreto, mudo, que suele hallarse por debajo, de manera que nos impide verlo, porque es la percepción lo que salva las cosas».[19]

Solo si nos desprendemos por completo del yo se nos manifestará la realidad auténtica, que no es nuestra realidad *imaginada*. Generamos la realidad del mundo a partir de nuestra imaginación. Esa es la realidad del yo, que proyectamos sobre las cosas. Sin embargo, la realidad auténtica, el orden auténtico de las cosas, solo se puede experimentar a través de la extinción del yo. Cualquier apego distorsiona la realidad. Al retirarme, al retraerme, al romper con las cosas, les devuelvo su realidad no distorsionada, les devuelvo su belleza. La descreación redime a la creación: «Ojalá desaparezca para que las cosas que veo se vuelvan perfectamente hermosas por no ser ya cosas que veo».[20]

La noción del futuro como un proyecto construido a partir de mis necesidades y deseos es fruto de la imaginación: «El futuro nos lo forjamos en nuestra imaginación».[21] El futuro requiere un deseo primordial del yo, un *quererse a sí* (*Sich-Wollen*), dado que lo proyecto *por amor a mí mismo*, en función de *mis* posibilidades de ser. Por consiguiente, me impide ver las cosas tal y como son: «Todo deseo [...] se sitúa en el futuro [...]. Mientras que, si solo deseamos que un ser exista, este existe: ¿qué más se puede desear? El ser amado es entonces real y está desnudo, sin cubrir por el futuro imaginario».[22] El proyecto es una especie de *supraproyecto* (*Überwurf*)[23] que oculta el verdadero orden de las cosas. La descreación, en cambio, permite que afrontemos las cosas sin imaginación, tal y como son. Revela el verdadero orden de las cosas.

A diferencia del futuro, el pasado escapa a la voluntad. Lo pasado entraña una indisponibilidad. La voluntad no puede alcanzarlo. Precisamente debido a esa cualidad de no disponible, Simone Weil identifica en lo pasado una realidad más elevada: «Pasado: lo real, sí, pero completamente fuera de nuestro alcance, hacia lo que no podemos dar ni un paso, hacia lo que tan solo podemos orientarnos para que nos llegue una emanación suya. Es, en este aspecto, la imagen por excelencia de la realidad eterna y sobrenatural. ¿Es por eso por lo que en el recuerdo como tal hay gozo y belleza?».[24] Weil remite a la *mémoire involontaire* de Proust como fuente de la dicha que nos eleva por encima del tiempo pasado. Lo *involuntario*, lo que se escapa a la voluntad, es, por lo general, un elemento constitutivo de lo bello: «Lo posible es el lugar de la imaginación [...]. El pasado es, siempre que la imaginación no se recree en él —con ocasión de que algo lo haga nacer en su pureza—, tiempo con tintes de eternidad. En él, el sentimiento de la realidad es puro. Ese es el puro gozo. Eso es lo bello. Proust».[25]

A la hipótesis de Weil cabe objetar, sin embargo, que la verdadera fuente del gozo no es lo pasado que resplandece súbitamente en un instante, sino *el instante en sí*. Ese puro gozo nos embargará en la medida en que vivamos el instante sin mirar hacia los lados. El gozo no nace ni del futuro ni del pasado. El futuro es la *preocupación* (*Sorge*).[*] El instante es el gozo. Si nos fusionamos plenamente con el instante, sin mirar hacia atrás ni hacia delante, experimentaremos la eternidad, que es puro gozo.

Para Simone Weil, en última instancia se trata de trascender el tiempo. Dado que el yo se encuentra vinculado al tiempo, para superar ese tiempo se requiere, a fin de cuentas, la extinción del yo, esto es, la descreación: «La humildad es inevitable cuando sabemos que nosotros mismos no estamos seguros del futuro. Solo alcanzamos la solidez cuando abandonamos el yo, cambiante y sometido al tiempo».[26] En la observación contemplativa y sin yo, el instante se une a la eternidad: «Estrellas y árboles frutales en flor. La completa permanencia y la extrema fragilidad proporcionan por igual el sentimiento de la eternidad».[27] Y esa unión del instante con la eternidad es hermosa: «Entre otras unidades de contrarios, lo bello encierra la de lo instantáneo y lo eterno».[28]

A Simone Weil le habría gustado la idea de interpretar los haikus como una unión del instante con la eternidad:

Salta la rana,
se oye en el viejo estanque
ruido de agua.

Huele a ciruelos
y el sol sale de pronto.
Senda del monte.

No se ve a nadie
en primavera, como detrás de un espejo,
la flor del ciruelo.

Matsuo Bashō

Cada haiku plasma un *modo de ser instantáneo* en el que no participa yo alguno. Cualquier continuación más allá de ese instante sería imaginación. Por tanto, en el haiku no aflora un yo que pueda alterar el *modo de ser* (*So-sein*) de las cosas. En el budismo zen, al que Simone Weil se refiere a menudo, la redención se basa también en la descreación.

El futuro se expresa como preocupación. Por eso Heidegger, que eleva esta preocupación a característica esencial de la existencia humana, da prioridad al futuro. Sin embargo, en su obra *Ser y tiempo* el gozo no tiene cabida porque *el tiempo es preocupación*. El puro gozo consistiría en *des-ocupar el tiempo*. Es precisamente la despreocupación lo que constituye el puro gozo. El gozo surge en el momento en el que, sin deseo alguno, nos entregamos al instante y nos rendimos a él obedientemente. En este sentido, Kierkegaard escribió: «Descarga todas tus preocupaciones en Dios, plenamente, incondicionalmente, como lo hacen los lirios y las aves. De ese modo, te volverás tan incondicionalmente gozoso como ellos. Porque ese es el gozo incondicional».[29]

En la descreación, el yo desaparece para participar en la verdadera creación. La obediencia a Dios se diferencia, por principio, de la obediencia de un siervo a su amo. Cuanto más sumiso es el siervo, más se agranda la brecha, el desequilibrio de ser y poder que existe entre él y el amo que le da las órdenes. En cambio, Dios no es *autoritario*. No da órdenes. *Dios es amor*. Quien obedece a Dios, quien entrega su yo por amor a Dios, pasa a ser él mismo divino. Se eleva hacia la *autoridad* divina: «La humildad en la espera nos asemeja a Dios».[30] Aquí nos hallamos ante una obediencia absoluta. Por amor a Dios nos vaciamos. Pero ese *vacío* se colma con la luz divina. Quien renuncia a su yo por Dios, quien *se descrea*, se vuelve tan transparente como el límpido cristal de la ventana por la que penetra, a raudales y sin trabas, la luz de Dios.

VACÍO

Detenerse, retenerse,
es crear vacío en el propio interior.

Simone Weil

El viento sopla donde quiere y oyes su ruido,
pero no sabes de dónde viene ni adónde va.
Así es todo el que ha nacido del Espíritu.

San Juan

En uno de sus textos, Simone Weil desarrolla una *teodinámica del vacío*: «"Como vemos por experiencia en lo que toca a los hombres, y creemos por tradición en lo que toca a los dioses, cualquier ser ejerce siempre, por un requisito natural, todo el poder de que dispone" (Tucídides). Como el gas, el alma tiende a ocupar la totalidad del espacio que se le asigna. Sería contrario a la ley de entropía el que un gas se contrajera y dejara espacios vacíos. No ocurre así con el Dios de los cristianos. Se trata de un Dios *sobrenatural*, mientras que Jehová es un Dios *natural*. No ejercer todo el poder de que se dispone es soportar el vacío. Ello va en contra de todas las leyes de la naturaleza: solo la gracia lo puede conseguir. La gracia colma, pero no puede entrar más que allí donde hay un vacío para recibirla, y es ella quien hace ese vacío».[1] El alma humana obedece a la *termodinámica del poder*. ¿Qué es el poder? Quien lo posee tiene la sensación de crecer en el espacio: se extiende o se expande. La ampliación de poder se expresa como una ampliación de uno mismo. Quien posee poder aspira a expandirse al máximo sometiendo a los demás. Por tanto, su espacio no se ve limitado por el otro. El poder provoca que quien lo posee *permanezca consigo mismo en el otro.* Aumenta el espacio de sí mismo *en torno* al otro. A través del poder, *continúa* en el otro. Su omnipotencia eliminará todos los espacios en los que no *se encuentre consigo mismo.* De ese modo, abarcará todo el espacio disponible, lo ocupará con *él mismo.* La renuncia voluntaria al poder equivale a una retirada voluntaria del yo. Sin embargo, al igual que el gas que se contrae para dejar un vacío, el yo que se aparta voluntariamente contraviene la termodinámica del poder. En consecuencia, la renuncia voluntaria al poder, como renuncia a sí mismo que es, resulta antinatural o sobrenatural. Quien posee el poder no permite ningún vacío porque aspira a expandirse al máximo. Allí donde se retira, es decir, allí donde renuncia a su poder, nace el vacío. O bien la renuncia voluntaria al poder lo transporta hasta el nivel del vacío. Simone Weil opone a la termodinámica del poder una teodinámica del vacío, que invierte la tendencia *natural* del alma y la *convierte.* Solo gracias a semejante *conversión del alma* es posible *recibir la gracia.* La gracia llega a través del vacío. O el vacío predispone al alma para la gracia.

El Dios de los cristianos es un dios *sobrenatural.* No se trata de un dios del poder o de la venganza, sino de un dios del amor. La teodinámica del vacío rompe con cualquier forma de poder y violencia y también con la venganza, que se basa en la simetría. La misericordia brota de la relación *sobrenatural*, asimétrica, como se indica en la Biblia: «Acercándose Pedro a Jesús le preguntó: "Señor, si mi hermano me ofende, ¿cuántas veces tengo que perdonarlo? ¿Hasta siete veces?". Jesús le contesta: "No te digo hasta siete veces, sino hasta setenta veces siete"».[2]

La *ética del vacío* suspende la simetría de acción y reacción, de acto y contrapartida. Además, permite un *don puro*, que prescinde de toda retribución. Se da *a ciegas*. La *ética del vacío* se construye a partir de una *ceguera*. Deja en suspenso la *economía*, que está obligada a la simetría: «No es sorprendente que un hombre que tiene pan dé un pedazo a un hambriento. Lo que es sorprendente es que sea capaz de hacerlo con un gesto diferente de aquel por el cual se compra un objeto. La limosna, cuando no es sobrenatural, es semejante a una operación de compra. Se compra al desdichado».[3] El vacío produce relaciones *aneconómicas*, esto es, *asimétricas*, *sobrenaturales*: «Necesidad de una recompensa, necesidad de recibir el equivalente de lo que se da. Pero si, al forzar esa necesidad, se deja un vacío, entonces se produce una especie de corriente de aire, y surge una recompensa sobrenatural. Esta no aparece mientras se posea otro salario: el vacío logra que aparezca. Igual con la condonación de las deudas [...]. Así también se está aceptando un vacío en sí mismo. Lo de aceptar un vacío en sí mismo es sobrenatural. ¿Dónde hallar la energía para un acto sin contrapartida? La energía ha de venir de otra parte. Y, sin embargo, primero ha de producirse un desgarro, algo de índole desesperada: primero ha de producirse un vacío».[4] El vacío requiere desligarse del quererse *a sí*. Se manifiesta como una «corriente de aire» que nos eleva hacia un plano superior del ser. No solo es asimétrica y sobrenatural la misericordia, también lo son la amistad o la sonrisa discreta y sin propósito concreto que dedicamos a un extraño. Las relaciones asimétricas generan espacios sociales que permiten respirar fuera de la economía. Sin estos *espacios para la respiración del vacío*, la sociedad se ahogaría entre las relaciones de intercambio económico.

La ética del vacío se caracteriza por un *universalismo incondicional*. Simone Weil habla con frecuencia de la «patria» o de la «ciudad», pero se trata, en cualquier caso, de entidades sin fronteras ni delimitaciones. Son una *«patria universal» desprovista de fronteras*.[5] Esta patria universal constituye una comunidad mundial que trasciende cualquier nación: «Las ciudades humanas, sobre todo, cada una en un nivel mayor o menor según su grado de perfección, envuelven de poesía la vida de sus habitantes. Son imágenes y reflejos de la ciudad del mundo. Por otra parte, cuanta más forma de nación tienen, cuanto más pretenden ser patrias, más deformada y manchada es la imagen que ofrecen».[6] La *poesía* es la esencia de la patria verdadera, universal. En cambio, la *prosa del poder o de la economía* limita esa patria hasta convertirla en una nación.

Simone Weil opone su universalismo absoluto al patriotismo: «Entiendo el patriotismo como el sentimiento que se ofrece a una patria terrestre. Tengo miedo de él porque temo contraerlo por contagio».[7] La nación como objeto del patriotismo es una figura del poder; la verdadera patria, en cambio, se basa en el amor. Simone Weil diría que el nacionalsocialismo es la encarnación del mal. De hecho, la autora incluso rechaza lo social por considerarlo una forma de poder: «Se deduce de ahí que lo social es irreductiblemente el dominio del diablo. La carne impulsa a decir *yo* y el diablo impulsa a decir *nosotros* o, como los dictadores, *yo* con un significado colectivo. Y conforme a su misión propia, el diablo fabrica una falsa imitación de lo divino, un sucedáneo de lo divino. No entiendo por "social" lo que se relaciona con la ciudadanía, sino solamente los sentimientos colectivos».[8] Simone Weil conocía el nacionalsocialismo y sabía de sobra la terrible violencia que lo colectivo puede engendrar. Aquel colectivo que lo ocupa todo se sostiene excluyendo a los otros. A diferencia de él, la verdadera patria es una comunidad de amor y amistad.

Simone Weil interpreta las palabras bíblicas «amaos los unos a los otros» desde la óptica de la amistad: «Pero hay un amor personal y humano que es puro y que encierra un presentimiento y un reflejo del amor divino. Es la amistad».[9] La amistad es sobrenatural en la medida en que renuncia a apoderarse del otro. No *come*, sino que *mira*: «La amistad es el milagro por el cual un ser humano acepta mirar a distancia y sin aproximarse al ser que le es necesario como alimento».[10] La amistad escapa tanto de la necesidad como del imperativo. Se construye a partir del *respeto al otro*, que *requiere distancia*. Lo que la mueve es la *cercanía de la lejanía*: «Cuando un ser humano está vinculado a otro por un lazo afectivo que conlleva en algún grado la necesidad, es imposible que desee la conservación de la autonomía a la vez en sí mismo y en el otro. Imposible en virtud de los mecanismos de la naturaleza. Pero posible por la intervención milagrosa de lo sobrenatural. Este milagro es la amistad».[11]

En la fusión de lo individual en un colectivo social, en una masa colectiva, no hay cabida para la amistad, porque esta requiere una *distancia con respecto al otro*. Eso es lo que diferencia al colectivismo del universalismo. El concepto de la amistad de Weil desemboca en una *política de la amistad*, que conduce a su vez a un universalismo incondicional: «La amistad tiene algo de universal. Consiste en amar a un ser humano como se querría amar en particular a cada uno de los componentes de la especie humana».[12]

Al igual que el universalismo kantiano, el universalismo radical de Weil se basa en un «conocimiento a través de la razón», es decir, en la inteligencia. No es la fe la que impone el universalismo incondicional, sino la razón, que aspira a ser tan general como resulte posible. La luz de la razón es de una imparcialidad total: «Los hijos de Dios no deberían tener más patria aquí abajo que el universo mismo, con la totalidad de las criaturas racionales que ha contenido, contiene y contendrá. Esa es la ciudad natal digna de merecer nuestro amor. Las cosas menos vastas que el universo [...] imponen obligaciones que pueden ser extraordinariamente amplias, pero entre las que no se encuentra la obligación de amar. [...] Estoy convencida también de que no se cuenta entre ellas ninguna obligación que tenga relación con la inteligencia».[13] Es la belleza la que, a partir del universo, crea una patria: «El universo es una patria porque es hermoso y puede ser amado por nosotros. Es nuestra única patria en esta vida. Este pensamiento es la esencia de la sabiduría de los estoicos. Tenemos una patria celestial».[14]

La «universalidad» del amor tiene su origen en el *vacío*, que, al igual que la luz, no permite ninguna *diferenciación*, ninguna *delimitación*: «Nuestro amor debe tener la misma extensión a través del espacio y la misma igualdad en todas sus partes que tiene la luz del sol».[15] La *ética del vacío* presenta rasgos universales, como la «distribución indiscriminada de la luz».[16] Se extiende más allá de la comunidad hasta alcanzar la totalidad de la creación. Se manifiesta como una *ética de la descreación* que nos acerca a la creación: «Hay que ser católico, es decir, no estar ligado por un hilo a nada creado, sino a la totalidad de la creación».[17] Simone Weil alude aquí al significado original del término: *católico* (del griego *katholikós*) significa lo global, lo que concierne a todos. *Católico* es lo mismo que *universal*.

En plena Segunda Guerra Mundial, y ante la furia del nacionalsocialismo, Simone Weil le escribió al padre Perrin: «Vivimos en una época sin precedentes y la *universalidad* que antaño podía estar implícita debe ser en la situación actual plenamente explícita. Debe impregnar el lenguaje y toda la manera de ser».[18] Debido a su universalidad, el amor se dirige, como misericordia que es, a toda la humanidad y a toda la creación: «La conveniencia de las cosas, de los seres, de los acontecimientos, consiste solamente en esto, en que existen y no debemos desear que no existan o que sean de otra forma. Tal deseo es una impiedad respecto a nuestra patria universal, una falta al amor estoico debido al universo».[19]

Hoy en día, ante la creciente destrucción de la belleza

del mundo y la nueva oleada de nacionalismo y xenofobia, el universalismo de Weil resulta más necesario y más acuciante que nunca. Nuestra época se parece a la suya mucho más de lo que pensamos. En medio del conflicto armado de su tiempo, Simone Weil evocó una «santidad nueva», un «nuevo tipo de santidad», unos santos con «genio»[20] que pudiesen sacar a la luz la verdad y la belleza «ocultas hasta ese momento por una densa capa de polvo».[21] Nuestro mundo actual necesita —tanto como lo necesita una ciudad devastada por la peste— *santos geniales*. Todo genio es un genio de la atención. *Solo la atención profunda, entendida como santidad, crea la paz.*

La ética del vacío como *ética de la descreación* desbarata la *economía natural del poder*. La compasión que el fuerte siente cuando se encuentra frente a un débil será pura y sobrenatural siempre y cuando carezca de conciencia acerca de su superioridad, siempre y cuando se base en una *renuncia a sí mismo*. Solo entonces se asemejará a un amor sobrenatural en el sentido de una misericordia profunda. Por su parte, la gratitud que experimenta el débil cuando se encuentra frente al fuerte será pura y sobrenatural siempre y cuando no implique *humillación* alguna. No excluye un *orgullo* en el débil, porque el *orgullo* también se sitúa fuera de la economía del poder: «La simpatía del débil por el fuerte es natural, pues el débil, proyectándose en el fuerte, adquiere una fuerza imaginaria. La simpatía del fuerte hacia el débil, en tanto que operación inversa, es contraria a la naturaleza. Por eso la simpatía del débil hacia el fuerte solo es pura si tiene como objeto único la simpatía del fuerte hacia él, en caso de que el fuerte sea verdaderamente generoso.

Esa es la gratitud sobrenatural, consistente en sentirse feliz por ser objeto de una compasión sobrenatural. Esta gratitud deja el orgullo absolutamente intacto».[22]

Tanto la venganza como el odio brotan de la presión de la simetría. Quiero vengarme de otra persona por lo que me ha hecho sufrir. La venganza restablece el equilibrio alterado: «Cualquier vacío (no aceptado) produce odio, acritud, amargura, rencor. El mal que se desea a quien se odia, y que imaginamos, restituye el equilibrio».[23] Si alguien me hace algo malo, nace en mí la necesidad de vengarme para restablecer ese equilibrio alterado. Y cuando le hago algo malo a otra persona, surge en ella una carencia, que trata de compensar haciéndome a mí lo mismo. La ética del vacío evita esta simetría: «Hacer daño al prójimo es recibir algo de él. ¿Qué? ¿Qué se gana [...] cuando se hace daño? Sale uno crecido. Sale uno más ancho. Ha colmado dentro de sí un vacío al crearlo en el otro».[24]

La teodinámica del vacío se sale del plano de la acción y la reacción. En el momento en el que perdono al otro en lugar de vengarme de él, aparece un *equilibrio de potencia superior*, un *equilibrio en el plano del vacío*: «Perdonar. No se puede. Cuando alguien nos ha hecho daño, se crean determinadas reacciones dentro de nosotros. El deseo de venganza es un deseo de equilibrio esencial. Búsquese el equilibrio en otro plano. Hay que llegar por sí mismo hasta ese límite. Allí se palpa el vacío».[25] El vacío desarrolla una energía ética al favorecer relaciones asimétricas frente a la simetría de la venganza. La teodinámica del vacío nos eleva a un rango superior. *Ennoblece el ser*: «Imposible perdonar a quien nos ha hecho daño, si ese daño nos ha rebajado. Mejor pensar que no nos ha rebajado, sino que ha elevado nuestro verdadero rango».[26]

Perdonar se basa en la renuncia a la imaginación, que genera constantemente expectativas. Y cuando esas expectativas no se cumplen, nos sentimos decepcionados. En ese momento, culpamos al otro o a nosotros mismos. Perdonar significa absolver de esa culpa tanto al otro como a uno mismo: «Me desilusiona un ser querido. Le he escrito. Es imposible que no me responda lo que en su nombre ya me he dicho a mí misma. Los hombres nos debemos lo que nos imaginamos que nos daremos. Condonar las deudas. Aceptar que seamos distintos de las criaturas de nuestra imaginación es imitar la renuncia de Dios. Yo también soy distinta de lo que imagino ser. Saberlo es el perdón».[27] El perdón requiere que prescinda específicamente de mí mismo, de mis expectativas. Quien perdona reconoce específicamente la *alteridad* —tanto la *alteridad* del otro como la de sí mismo—, que lo desliga de su imaginación.

Simone Weil concibe no solo el perdón, sino también la justicia, desde la base de la alteridad: «Justicia. Estar siempre dispuesto a aceptar que otra persona es diferente a lo que leemos cuando está presente (o cuando pensamos en ella). O, mejor, leer en ella (siempre) que sin duda alguna es diferente, tal vez completamente diferente a lo que leemos en ella. [...] Todo ser grita en el silencio para *ser leído de otra manera*».[28] La esclavitud o el sometimiento suponen forzar al otro a que se lea a sí mismo como yo lo leo o como yo *quiero* leerlo. En cambio, la conquista o la apropiación suponen forzar al otro a leerme a mí mismo como yo me leo o como yo *quiero* leerme.[29] Ni el sometimiento ni la apropiación permiten alcanzar la justicia como alteridad, que consiste en producir el vacío dentro de sí mismo. En Weil, la *ética del otro* se fundamenta en el vacío. Requiere leer al otro contra mi voluntad, contra mi imaginación, prescindiendo de mí, de mis expectativas. Y esa ética solo se cumple cuando existe *atención al otro*.

La justicia tiene lugar fuera de la economía del poder. De hecho, la deroga. Quien supera a otros en poder renuncia voluntariamente a sí mismo, a su poder. Presenta una renuncia a sí mismo. La justicia surge gracias a esta renuncia de poder. En eso reside su carácter sobrenatural: «Si se ocupa el lugar superior en una relación desigual de fuerzas, la virtud sobrenatural de la justicia consiste en conducirse exactamente como si hubiese igualdad; y exactamente en todos los aspectos, incluidos los menores detalles de matices y actitudes, pues un detalle puede bastar para arrojar al inferior al estado de materia que en esta ocasión es naturalmente el suyo, así como el menor choque congela el agua que se ha mantenido en estado líquido por debajo de cero grados. Para el inferior así tratado, la virtud sobrenatural de la justicia consiste en no creer que existe verdadera igualdad de fuerzas, en reconocer que la generosidad del otro es la única causa de ese tratamiento».[30]

La persona que es capaz de sentir la generosidad sobrenatural recibe un alma que nace «de agua y de espíritu».[31] El agua y el espíritu no son sino una «obediencia doble».[32] El agua encarna la pasividad primigenia de la materia. En el bautizo, el ser humano desaparece en el agua. De ese modo, se niega a sí mismo. Adopta la pasividad primigenia de la materia. Por consiguiente, *obedece* igual que lo hace la materia. Y la *receptibilidad* hacia la inspiración divina es lo que caracteriza al espíritu humano: «En ellos (agua y espíritu) ya no hay nada que yo pueda calificar de su propia voluntad, de su persona, de su yo».[33]

El vacío constituye el *centro sobrenatural del alma*. Se trata de un lugar en el que no se produce una *diferenciación* rígida. En él ya no hay *yo* alguno que se deslinde del otro ni tampoco ninguna *valoración* o *juicio* que se base en *diferenciaciones*. Este vacío sin *fronteras* define un estado de desapego en el que se anula toda sujeción. El alma *vaciada* siente empatía indistintamente hacia todo lo que *es*. No se queda nada *para sí*. *Da* y *perdona*. Incluso *se entrega hasta agotarse*.

El vacío y la imaginación son fuerzas antagónicas. La imaginación tiende a restablecer la simetría generando un contravalor, como consuelo frente a la pérdida. Seduce al alma aparentando colmar: «En cualquier situación en que se detenga la imaginación colmadora, existe vacío».[34] La imaginación es un órgano de la mentira: «La imaginación colmadora de vacíos es fundamentalmente mentirosa».[35] En el vacío, en cambio, existe una *prohibición de las imágenes*. El pecado tiene su origen en el hecho de que constantemente traicionamos al vacío, saturándolo con imágenes ilusorias: «Todos los pecados son intentos de colmar vacíos».[36] Solo el vacío que no sucumbe a las artes seductoras de la imaginación revela la verdadera plenitud del ser y puede recibir la gracia: «Continuamente suspendido en sí mismo el trabajo de la imaginación colmadora de vacíos. Si se acepta cualquier vacío, ¿qué envite de la fortuna puede impedir que amemos el universo? Uno tiene la seguridad de que, ocurra lo que ocurra, el *universo está lleno*».[37] Cuando renunciamos a *comer* y *miramos* a partir del vacío, se nos concede un *pan sobrenatural*, una *plenitud*: «Quien por un momento soporta el vacío, o bien obtiene el pan sobrenatural, o bien cae».[38]

El vacío surge allí donde se renuncia a la voluntad. La voluntad impide que las cosas sean como son. Les impone su impronta. Es la fuerza motriz de la imaginación. La teodinámica del vacío, sin embargo, interrumpe este proceso: «Para todo, y más allá de un propósito concreto, cualquiera que sea, querer en vacío, querer el vacío. Porque un vacío es para nosotros ese bien que no podemos representarnos ni definir. Pero ese vacío está más lleno que todos los llenos. Si llegamos hasta ahí, estaremos fuera de peligro, porque Dios colma el vacío».[39]

La perspectiva de la muerte es un particular reto para la imaginación, que debe ingeniar un contrapeso frente a ella para rellenar el vacío: «Los milicianos del "Testamento español" que se inventaban las victorias para soportar el hecho de morir, típico ejemplo de imaginación colmadora de vacío. Aunque no se haya de ganar nada con la victoria, se soporta mejor morir por una causa que sea victoriosa antes que por una causa que resulte derrotada. Hacerlo por algo desprovisto completamente de fuerza sería sobrehumano (discípulos de Cristo). El pensamiento de la muerte requiere un contrapeso, y ese contrapeso —con la omisión de la gracia— no puede ser más que una mentira».[40] El vacío supone, en último término, *aprender a morir*, dar*se* muerte: «Orar es como una muerte».[41]

SILENCIO

«Sal y permanece de pie en el monte ante el Señor». Entonces pasó el Señor y hubo un huracán tan violento que hendía las montañas y quebraba las rocas ante el Señor, aunque en el huracán no estaba el Señor. Después del huracán, un terremoto, pero en el terremoto no estaba el Señor. Después del terremoto, fuego, pero en el fuego tampoco estaba el Señor. Después del fuego, el susurro de una brisa suave. Al oírlo, Elías cubrió su rostro con el manto.

Primer Libro de los Reyes

Desde el punto de vista estructural, otra de las causas de la crisis de la religión es la pérdida del silencio. La nuestra es una época de ruido. Nietzsche habría podido decir perfectamente: «El ruido ha matado a Dios». De hecho, él ya acusó al creciente ruido de ser el responsable de la crisis del pensamiento. El genio de la atención necesita silencio: «*Más vale sordo que ensordecido*. Antiguamente trataba uno de hacerse un buen nombre. Hoy esto ya no es suficiente porque el mercado se ha vuelto demasiado grande, por lo que es necesario hacerse oír *a gritos*. El resultado es que hasta las mejores gargantas se desgañitan, y que se ofrecen los mejores artículos con voces enronquecidas. Así, el genio ya no se reconoce sin gritos de mercado, sin ronquera. Sin duda corren malos tiempos para el pensador; ha de aprender a aprovechar el silencio que se produce entre dos ruidos y a hacerse el sordo hasta acabar siéndolo realmente. Hasta que lo aprende, corre el riesgo seguro de morirse de impaciencia y de dolores de cabeza».[1]

En nuestros días, el mercado se ha vuelto aún más extenso y estridente. El mundo entero se está convirtiendo en un ruidoso mercado. Hoy todo es una mercancía. Por eso todo es bullicioso y reclama a gritos atención. La vida misma adquiere forma de mercado y mercancía. Cada persona es ya empresaria de sí misma y *se produce* y *se presenta a sí misma* constantemente, hasta acabar pareciéndose a un mercader que pregona sus artículos. Al capitalismo no le gusta el silencio. Cuanto mayor es la productividad, más ruido se genera. El ruido multiplica el capital. O el capital hace ruido para multiplicarse. El silencio no produce. La presión neoliberal del rendimiento y la optimización, como presión interna que es, enferma al alma al someterla a un exceso de ruido. Las presiones internas producen en el alma un estruendo mayor que el que desencadenan las presiones externas. Le impiden alcanzar la serenidad. El síndrome de desgaste profesional se asemeja a una pérdida súbita de audición provocada por el ruido interno. No oímos ese silencio de dentro que nos hace felices. Ya lo decía Simone Weil: «No hay dicha comparable a la del silencio interior».[2]

La hipercomunicación digital destruye el silencio. La información, *como tal*, es un ruido. Hoy en día lo percibimos todo desde la perspectiva de la información. De ese modo, la inmundicia de la información y la comunicación cubre el mundo con su ruido. La información, en tanto que ruido, arrasa la atención. Solo la atención contemplativa puede acceder al silencio. El estruendo de la información y la comunicación que asalta al alma es mucho más destructivo que el estruendo de las máquinas de la modernidad. El espíritu necesita silencio para producir o para recibir algo que sea completamente distinto. En el espacio de la creación reina el silencio. El estado contemplativo del espíritu es un estado de suspensión, un *estado liminar* en el que, por un tiempo, lo ya conocido o moldeado se interrumpe y deja margen para que surja algo totalmente diferente. Así, la poesía sitúa a la lengua en un estado contemplativo «en el que el idioma ha desactivado su función comunicativa e informativa o [...] en el que el idioma está en paz consigo mismo, contempla sus capacidades lingüísticas y, de esa manera, se abren ante él nuevas posibilidades de uso».[3] Si, por el contrario, el idioma se agota ejerciendo su función de información y comunicación, no habrá lugar para la poesía, para la renovación de la lengua.

El silencio contemplativo también permite al pensamiento *observarse a sí mismo y producir así nuevas formas de pensar*. En ese sentido, la filosofía se asemeja a la poesía. El espíritu solo es receptivo a lo completamente distinto cuando se vacía y renace del silencio: «La atención consiste en suspender el pensamiento, en dejarlo disponible, vacío y penetrable al objeto [...]. Y, sobre todo, la mente debe estar vacía, a la espera, sin buscar nada, pero dispuesta a recibir en su verdad desnuda el objeto que va a penetrar en ella».[4] Solo el silencio acerca el espíritu a la creación. La comunicación ruidosa, en cambio, bloquea cualquier acceso al silencio. Y, sin silencio, continúa lo *mismo*. El silencio es la *matrona de lo nuevo*. De ese modo, la pérdida del silencio no solo provoca una crisis de la religión, sino también una crisis del espíritu, esto es, una *crisis del pensamiento y de la poesía.*

Hoy en día casi toda la realidad que percibimos nos llega a través de las informaciones. La principal causa de este fenómeno es la digitalización de la realidad. *Las informaciones se interponen entre nosotros y la realidad.* De ese modo, impiden la *experiencia antepredicativa de la presencia.* La información es una unidad predicativa en la medida en que *significa* y re-*presenta* algo. La comunicación digital se agota en el intercambio de información. Carece de *contacto* y *presencia* inmediatos.

Hasta los ruidos los percibimos a partir de su significado, interpretándolos. Imaginemos, por ejemplo, que mi vecino está taladrando la pared. Lo cierto es que sería posible percibir de una manera completamente distinta esa situación. Podríamos percibir los ruidos *a partir de su silencio*, por decirlo de algún modo, excluyendo cualquier forma de significado. Podríamos percibir *a través de la calma, a través del vacío*, casi *sin un propósito, al igual que ocurre en la oración, en la atención como esfuerzo negativo.* El yo *permanece callado.* En el silencio, los objetos o los ruidos regresan en cierto modo a sí mismos, se instalan en el silencio, sin que los moleste el yo o su imaginación: «Cada ruido enriquece el silencio. Hay un callar de los gallos, un callar del hacha, un callar de los grillos, de los perros, que quien se encuentra en sociedad nunca percibe, porque estos ruidos no le llegan. Los ruidos son pudorosos; solo buscan a la persona solitaria».[5] Las informaciones, en cambio, no son pudorosas, sino invasivas. Se imponen a la percepción. De ese modo, nos impiden oír las cosas que son *pudorosas*, que se retiran al silencio, al callar. La «comunicación» se opone diametralmente al silencio. No permite esa soledad en la que podríamos oír incluso el callar del hacha.

Por lo general, percibimos las cosas también a partir de su significado en el mundo de la vida. El hacha es, por decirlo con palabras de Heidegger, un «utensilio» (*Zeug*), una herramienta que sirve a un fin, a un «para» (*Um-zu*). La utilidad (*Dienlichkeit*) constituye la esencia del utensilio. *El utensilio no calla, porque siempre enuncia* o *indica algo*. Lo percibimos a partir de su significado, esto es, de su función. Tomamos el hacha *para* talar árboles. Ese *para* es lo que constituye al utensilio. Heidegger se refiere a esa relación funcional a la que el utensilio debe su significado como su «significatividad» (*Bedeutsamkeit*). En el mundo en tanto que «significatividad» ya no hay ningún *silencio de las cosas*, dado que estas siguen siendo portadoras de función y significado. Todo se somete al «para». El mundo que consiste en «para», que se encuentra sometido a esta relación funcional, carece de silencio. Así pues, el ser ahí (*Dasein*) de Heidegger (denominación ontológica del ser humano) tampoco puede oír el *callar del hacha*. Por consiguiente, el hacha que calla deja de ser un «utensilio».

En su célebre carta a lord Chandos, Hugo von Hofmannsthal observa: «Las palabras han primado sobre las cosas».[6] Las palabras ruidosas nos impiden oír el *silencio de las cosas*. La carta a lord Chandos habla de una epifanía en forma de experiencia de la presencia que surge de las cosas. Las cosas insignificantes, como una regadera, una piedra cubierta de musgo o un rastrillo abandonado en el campo, adquieren de repente un «carácter sublime y conmovedor» y estremecen al observador, sumiéndolo en un «torrente de sensaciones divinas que crece suave y súbitamente».[7] Dejan así de ser «utensilios». Esta experiencia antepredicativa y repentina de la presencia sitúa al espectador en un «pensamiento de un material que es más directo, líquido y ardiente que las palabras».[8] Tal relación mágica con el mundo no se rige por la representación, sino por el *contacto* y la *presencia* directos.

Solo la intensa experiencia de la presencia como experiencia del silencio nos conduce hasta Dios. El *silencio de las cosas*, el *silencio de los ruidos*, es un reflejo del silencio de Dios: «Oír el silencio de Dios en todos los ruidos. ¿Cómo podríamos oír el silencio de Dios si los ruidos de aquí abajo tuviesen algún significado? Gracias a la bondad de Dios, carecen de significado. Dios ha permitido que alcen gritos hasta él y él no ha respondido. Cuando en lo más hondo de nuestras entrañas surge la necesidad de un ruido que signifique algo, cuando gritamos para obtener una respuesta y esa respuesta no se nos concede, en ese momento entramos en contacto con el silencio de Dios. Por lo general, nuestra imaginación pone palabras en los ruidos, igual que jugamos indolentemente a identificar formas en la ropa arrugada o en el humo».[9]

Hoy en día ya no podemos rezar porque nos encontramos constantemente expuestos al ruido de la información y la comunicación. No nos es posible *cerrar los ojos* porque nuestros ojos están obligados al atracón constante, a «comer». *Cerrar los ojos* significa *permanecer en silencio*: «Al orar y al contemplar, toda el alma debe permanecer en silencio y soportar el vacío para que solo trabaje la parte sobrenatural, para que trabaje en ese vacío, para que se una al punto máximo de toda la energía del alma».[10] La *adiposis del alma*, que atrofia su parte sobrenatural, impide que el silencio se expanda en ella. Con su imaginación, el yo hace ruido y colma todos los espacios vacíos.

En esta época de fortalecimiento desmedido del ego no tenemos acceso a Dios: «La voluntad de Dios: ¿cómo reconocerla? Cuando creamos silencio en nuestro interior, cuando acallamos todo anhelo, toda opinión, y pensamos con amor, con toda nuestra alma y sin palabras».[11] Toda descreación *silencia* al alma. Nos acerca a Dios poniendo en marcha un proceso de «extinción». El yo ruidoso se extingue en Dios: «Este proceso de extinción de lo que digo está en parte acompañado de gozo y en parte acompañado de dolor, pero en ambos casos se trata de un proceso gozoso por su propia esencia, gracias al lento crecimiento del silencio interior».[12]

El silencio es ese «folio en blanco» del que Agamben habla al referirse a la descreación, un folio en el que aún no hay ni una sola letra, pero que es capaz de producir cualquier palabra. Es el *lugar de la creación*: «Al igual que en la música (Valéry), un poema surge del silencio y regresa al silencio».[13] El acceso al silencio nos abre las puertas de la verdadera poesía: «*Poesía: llegar al silencio, hacia lo que no tiene nombre, a través de las palabras*».[14]

La música es un «orden de los sonidos que imita al silencio».[15] El genio de la atención debe haber oído ese silencio sumido en una concentración contemplativa. A una ascensión hacia el silencio le sigue un movimiento descendente del que surgen los sonidos como expresión del amor. *El silencio es amor*: «La música más hermosa es aquella que proporciona la máxima intensidad a un instante de silencio, obligando al auditorio a escuchar ese silencio. [...] El compositor debe saber, ante todo, escuchar el silencio. En el sentido más literal de la palabra. Centrar la atención plenamente en la escucha y mantenerla en la ausencia de todo ruido. Tras el silencio, tras la travesía de lo trascendente, reina el movimiento descendente, [...] entonces llega el instante en el que el descenso es amor».[16]

El silencio de Dios no es una ausencia de palabra o de sonido, sino una sensación sumamente positiva, más positiva que el sonido e infinitamente más llena de significado que la palabra. Es una *intensidad perceptible con los sentidos que supera incluso la belleza de la naturaleza*. No supone una carencia, sino un *excedente infinito*: «Todo ocurre como si, por efecto de un favor milagroso, se hiciera manifiesto a la sensibilidad que el silencio no es ausencia de sonidos, sino algo infinitamente más real que los sonidos y la sede de una armonía más perfecta que la más hermosa combinación de sonidos que pueda imaginarse. También hay grados en el silencio. Hay un silencio en la belleza del universo que es como un ruido en relación con el silencio de Dios».[17] Dios calla porque encarna la *potentia absoluta*, que cualquier palabra debilitaría. El silencio de Dios es más poderoso y magnífico que cualquier palabra, dado que, en comparación con él, esa palabra no sería más que ruido.

Nadie ha descrito el silencio divino de una forma más hermosa y precisa que Nietzsche: «A quien ha tenido una mañana de la vida activa y tempestuosa, en el mediodía de su vida su alma se siente sobrecogida por un extraño deseo de paz, que puede durar lunas y años. A su alrededor todo se vuelve silencioso, las voces suenan siempre más lejanas; los rayos de sol caen en picado sobre su cabeza. En un oculto prado del bosque, ve dormir al gran Pan; todas las cosas de la naturaleza se han dormido junto a este, con una expresión de eternidad en el rostro —así le parece. Él no quiere nada, no se preocupa de nada, su corazón está tranquilo, solo su ojo vive—, es una muerte con los ojos abiertos».[18] Allí donde reina el *gran silencio*, toda voluntad se retira. El yo *muere*. Ni siquiera el latido de nuestro corazón rompe el silencio divino. Esos ojos abiertos están completamente *vacíos*. O, como diría Simone Weil, se encuentran colmados del silencio de Dios.

BELLEZA

Dios es la belleza pura.

Simone Weil

Hoy en día, lo bello carece de toda *sacralidad*, de toda *espiritualidad*. Se desacraliza hasta convertirse en un objeto de consumo. La inmanencia del consumo lo despoja de toda trascendencia, de toda profundidad y de toda abisalidad. Su lema es *like*, «me gusta». Lo bello no debe ni estremecer ni doler. Jeff Koons es, sin duda alguna, el artista del *like*. En cierta exposición declaró: «La obra *Balloon Dog* es un maravilloso objeto que aspira a aportar al observador más fuerza para su existencia. A menudo trabajo con materiales reflectantes, con materiales que son como espejos, porque al verlos el espectador se siente automáticamente más seguro de sí mismo. Como es obvio, en un espacio oscuro eso no sirve de nada. Pero cuando estamos directamente ante el objeto nos reflejamos en él y nos aseguramos de nosotros mismos».[1] La obra de arte tiene que ser un espejo que mejore mi autoestima y que me sugiera que mi historia es perfecta. El único grito posible ante una obra de arte es: «*¡Soy!*».

Ya Kant entendía la belleza como un sentimiento de sí. La belleza produciría una «satisfacción» que, en último término, sería la satisfacción del sujeto consigo mismo. La modernidad de la estética kantiana consistía en someter lo bello a la inmanencia del sujeto. Simone Weil, en cambio, sitúa la belleza fuera de la inmanencia de la satisfacción subjetiva. La belleza entraña una exterioridad, una otredad radical. Lo que la constituye no es la satisfacción, sino el dolor: «En la belleza —por ejemplo, en el mar, en el cielo—, hay algo *irreductible*. Igual que en el dolor físico. El mismo elemento irreductible. Inescrutable para el intelecto. La existencia de algo distinto a mí. Un parentesco entre la belleza y el dolor».[2] Necesariamente, la belleza guarda relación con la trascendencia; de lo contrario, quedaría reducida a mero objeto de consumo.

En el fondo, el arte es profundamente religioso. Nos permite entrar en un «sano contacto» con aquello que nos «trasciende».[3] Consiste en «hacer formal la epifanía». En él «hay un brillar a través».[4] Todo arte «de una talla irresistible» es una «referencia» a una «dimensión trascendente, a lo que se siente que reside, explícita —es decir, de forma ritual y teológica, por la fuerza de la revelación— o implícitamente, fuera del ámbito inmanente y puramente profano».[5] Un «aliento mático de la extrañeidad»[6] inspira al arte. El arte nos permite sentir que «somos vecinos cercanos de lo desconocido».[7] Sin la «otredad», sin el «aura de terror»,[8] se convierte en superficial hasta quedar reducido al «me gusta», a un arte del bienestar. La belleza tiene su origen en el contexto del culto y la religión. La belleza suprema es un sacramento. Para *salvar lo bello*, habría que arrebatárselo a la obligación consumista y *volver a espiritualizarlo*.

También para Simone Weil la belleza es un sacramento: «Verdaderamente, la belleza es, como sostiene Platón, una encarnación de Dios».[9] En la belleza «existe realmente presencia de Dios».[10] Se trata del único atributo de Dios que se encuentra encarnado en el universo. La visión de lo bello nos proporciona la certeza de que Dios existe. La existencia de la belleza es una prueba de Dios: «Hay pocas pruebas de la existencia de Dios en el orden del mundo, según se suele presentarlo. Sin embargo, cabría objetar que el hecho mismo de que el ser humano pueda entrar en un estado de contemplación estética tanto ante un espectáculo de la naturaleza como ante una estatua griega constituye por sí solo una prueba de Dios».[11]

Simone Weil es platónica, pero lee a Platón desde una perspectiva cristológica. Cristo aparece como ese justo del que Platón habla en la *República*. Según este filósofo, quien encarne plenamente la justicia debe aparentar, en la medida de lo posible, que es injusto, porque, si se muestra como un justo, recibirá alabanzas y entonces los demás sospecharán que está actuando de forma justa simplemente para que lo elogien. A un justo sin semejante apariencia no le quedará más salida que sufrir las máximas injusticias. Será «azotado y torturado, puesto en prisión, se le quemarán los ojos y, tras padecer toda clase de castigos, será empalado».[12] Simone Weil se refiere expresamente al justo de este diálogo de Platón. De hecho, sus ideas al respecto solo se comprenden si se recuerda a Platón: «Para ser justo, hay que estar desnudo y muerto.

Sin imaginación. Por esa razón, el símbolo de la justicia debe estar desnudo y muerto. La única que no es susceptible de una imitación imaginaria es la cruz».[13] También en su concepto de lo bello la autora remite a Platón: «En todo lo que suscita en nosotros la sensación pura y genuina de lo bello se halla la presencia real de Dios. Hay algo así como una encarnación de Dios en el mundo (*Timeo*) que se puede reconocer a través de la belleza. [...] Lo bello es la prueba experimental de que la encarnación es posible. Por eso, todo arte de primer orden es, por su propia naturaleza, religioso. (Pero hoy en día esto ya no se recuerda). Todo arte de primer orden da testimonio de la encarnación. Un canto gregoriano da ese testimonio, del mismo modo que lo hace la muerte de un mártir».[14]

El concepto de lo bello en Weil se opone en todos los aspectos a la estética consumista del «me gusta». Lo que lo caracteriza es su indisponibilidad. Escapa de cualquier acceso voluntario. Solo la atención que contempla y que se demora puede acceder a lo bello: «La mirada y la espera representan la actitud que se corresponde con lo bello. Mientras podemos pensar, querer, desear, lo bello no se presenta».[15] Lo bello requiere distancia. Allí donde, como ocurre hoy, reina una absoluta ausencia de distancia, una total disponibilidad, nos encontramos distanciados tanto de lo bello como de Dios: «Permanecer inmóvil y unirse con lo que se desea sin acercarse a ello. A Dios nos unimos de esta forma: sin poder acercarnos. La distancia es el alma de lo bello».[16]

El «me gusta» pertenece al orden del acto de comer. Es un buen reflejo de la actitud consumista. Sin embargo, comer destruye lo bello. Solo la observación atenta lo salva. Lo bello es «una fruta a la que se mira sin alargar la mano».[17] Lo bello evita que el alma desarrolle *adiposis* porque invita al observador a renunciar a «comer». La observación de lo bello anula la imaginación como instancia de apropiación. Ante la visión de la belleza, el alma no puede sino ayunar: «Lo bello supone un atractivo carnal distante y lleva aparejada una renuncia. Incluida la renuncia más íntima, la de la imaginación. A los demás objetos de deseo queremos comerlos. Lo bello es lo que deseamos sin ánimo de comérnoslo. Deseamos que exista».[18] El acto de comer es la causa del mal de fondo de la humanidad: «Quizá, en esencia, los vicios, las depravaciones y los crímenes son casi siempre, o incluso siempre, tentativas de comer la belleza, de comer lo que solo se debe mirar. Eva marcó el comienzo y, si perdió a la humanidad comiendo un fruto, la actitud inversa, mirar el fruto sin comerlo, debe ser lo que la salve».[19]

La imaginación aspira a apoderarse de las cosas evaluándolas y utilizándolas, es decir, limitándolas a su valor y su uso; es el estómago trascendental, el órgano encargado del acto de «comer» y que pone trabas al acto de «mirar»: «La imaginación siempre va ligada al anhelo, es decir, al valor. Solo el anhelo sin objeto carece de imaginación. Lo bello está desnudo, no se cubre con imaginación. En cada objeto que no se encuentra cubierto con imaginación existe una presencia real de Dios. La consagración de la hostia es un proceso sobrenatural que deja al descubierto una parte de la materia».[20] La consagración de la hostia *deja al descubierto* una parte de la materia, la *desnuda*, la *desviste*, esto es, la despoja de cualquier finalidad y, de ese modo, la convierte en divina. La hostia es una materia divina en la medida en que se encuentra desnuda y vacía. La materia sola, sin objetivo ni utilidad, es un sacramento. No acalla *hambre* alguna.

El futuro está ligado a la finalidad, al objetivo, al «para»: eso a lo que la imaginación somete las cosas para conseguir apoderarse de ellas. La *teodinámica del vacío* anula la imaginación, ya que traslada las cosas a un *presente puro*, liberado de cualquier futuro imaginario. El *mero ahí*, en el que no participa la imaginación, es divino: «Lo bello atrapa la finalidad en nuestro interior y la vacía de todo objetivo, atrapa el anhelo y lo vacía de todo objeto, aportándole un objeto presente y prohibiéndole lanzarse hacia el futuro».[21]

Lo bello es un *medio sin fin*. Está en paz consigo mismo. Por eso escapa a cualquier finalidad. Solo en la inactividad que no persigue objetivo alguno podemos acercarnos a lo bello: «Es por no contener ningún fin por lo que la belleza constituye la única finalidad. Pues en este mundo no hay fines. Todas las cosas que tomamos por fines son medios. Es esa una verdad evidente».[22] El *medio sin fin* nos libera de la *actividad como producción*. Únicamente la observación contemplativa puede acceder a lo bello.

La belleza crea una proximidad entre la ciencia y el arte. El arte manifiesta lo bello como encarnación de Dios. La ciencia, por su parte, es la observación contemplativa de lo bello: «(Antes me costaba entender en qué se parecen el arte y la ciencia. En cambio, hoy lo que me cuesta entender es en qué se diferencian). El objeto de la ciencia es la investigación de lo bello *a priori*».[23] Lo bello como encarnación de Dios proporciona a la ciencia *sacralidad*. Por eso, en última instancia toda ciencia es una teología: estudia el orden divino del universo. La belleza como encarnación de Dios *espiritualiza* la ciencia. Eleva el estudio hasta convertirlo en una *oración*. Estudiar y orar confluyen.

El arte se acerca al mundo mirado por Dios. El silencio que desprende una gran obra de arte resuena con el silencio de Dios: «La buena pintura genera la impresión de que Dios está tocando una perspectiva del mundo, un enfoque, sin que el pintor o el admirador del cuadro estén ahí para alterar ese diálogo. De ahí el silencio de la buena pintura. Por eso no existe buena pintura sin santidad o algo muy parecido a la santidad».[24] El verdadero artista solo es un medio a través del cual Dios observa su creación desde una particular perspectiva. Así pues, el gran arte es impersonal: «Toda obra de arte tiene un autor, pero, cuando es perfecta, tiene algo de anónima. Imita el anonimato del arte divino».[25]

Una gran obra de arte va más allá del mundo antropomorfo. En nuestro día a día, nos acostumbramos al mundo creado por los seres humanos: percibimos las cosas desde la perspectiva de las actividades humanas en las que se utilizan. Sin embargo, el arte rompe con esa costumbre. Maurice Merleau-Ponty escribe acerca de la pintura de Cézanne: «Es un mundo sin familiaridad, en el que no nos sentimos a gusto y que prohíbe cualquier expresión de los sentimientos. Si, después de haber contemplado los cuadros de Cézanne, vamos a ver cuadros de otros pintores, nos percataremos de que inmediatamente se produce una distensión, igual que cuando, después de un funeral, volvemos a entablar conversaciones que tapan esa novedad absoluta de la muerte y devuelven a los vivos su entereza».[26] Tras una humanidad constituida, Cézanne descubre el orden divino de las cosas. Su paisaje no obedece a los seres humanos, sino a Dios. Reproduce el diálogo entre Dios y su creación. El artista da un paso atrás para ceder su espacio a la mirada de Dios sobre el mundo. Esta obediencia, esta humildad, *espiritualiza* el arte.

Cézanne se refiere continuamente a esta obediencia, presentándola como su actitud espiritual. Al hablar de la función del pintor, afirma: «Debe callar toda su voluntad. Debe silenciar en su interior todas las voces de la parcialidad, olvidar, olvidar; crear silencio, ser un eco absoluto. En ese momento todo el paisaje quedará reflejado en su plancha estereotípica fotosensible».[27] Cézanne es totalmente obediente para con el orden divino de las cosas. Simone Weil habría dicho de él: *se descrea*. Se convierte en *nada* y en *nadie*. Precisamente la descreación es lo que le permite participar en la creación.

Además, el arte implica, sin duda alguna, el momento de la creación de la obra, pero Cézanne no lo vive como un instante de poder, sino, también en este caso, de obediencia: «Para conjurarlo [el paisaje] sobre el lienzo, [...] hay que recurrir a la artesanía, pero se trata de una artesanía reverente, que solo esté dispuesta a obedecer, a transmitir de forma inconsciente».[28] También para Cézanne el genio es un genio de la atención. Escucha y obedece con humildad, sometiéndose a la lógica del color y de la materia: «Tormenta: hay una lógica cromática a la que el pintor le debe obediencia en exclusiva. Jamás la lógica del cerebro: si se rinde a ella, está perdido».[29]

Al pintar, Cézanne se sume plenamente en una

mirada contemplativa. Observa el paisaje durante tanto tiempo que él mismo acaba convirtiéndose en ese paisaje: «Al principio intentaba esclarecer las capas geológicas. A continuación, se quedaba inmóvil y se limitaba a mirar, hasta que los ojos, como decía la señora Cézanne, se le salían de la cabeza. [...] El paisaje, afirmaba él, se piensa dentro de mí, yo soy su conciencia».[30] Esos ojos que se salen de la cabeza son una genuina metáfora de la des-creación. Miran sin que el yo participe, más allá de la lógica del cerebro en tanto que instancia del poder y de la imaginación. Como diría Simone Weil, *Dios observa su creación a través de los ojos del pintor.*

Cabe destacar de manera muy especial las ideas de Weil acerca de la belleza de la materia. De acuerdo con la autora, la materia debe su belleza a la obediencia, a la docilidad con respecto a Dios. También el ser humano consigue que la materia se vuelva dócil y le permita así lograr sus objetivos, pero esa docilidad impuesta a la materia jamás alcanza el nivel de la belleza natural, que se basa en la obediencia a Dios: «Cristo nos ha propuesto como modelo la docilidad de la materia, poniéndonos como ejemplo los lirios del campo que no labran ni hilan. Es decir, que no se han propuesto adquirir uno u otro color, que no han puesto su voluntad en movimiento ni han ordenado medios a tal fin, sino que han recibido todo lo que la necesidad natural les aportaba. Si nos parecen infinitamente más bellos que unos suntuosos tejidos no es por ser más lujosos, sino por su docilidad. También la tela es dócil, pero dócil al hombre, no a Dios. La materia no es bella cuando obedece al hombre, sino cuando obedece a Dios».[31]

La materia no carece de vida. Simplemente, es pasiva y obediente. Nosotros confundimos su pasividad con falta de vida: «La materia es total pasividad y, por consiguiente, total obediencia a la voluntad de Dios. Para nosotros, un modelo perfecto. No puede tener otro ser que Dios y lo que obedece a Dios. [...] En la belleza del mundo la necesidad bruta se convierte en objeto de amor. Nada es tan bello como la gravedad en los pliegues fugaces de las olas del mar o en los casi eternos de las montañas».[32] Quien obedece descubre en la necesidad de la gravedad la mayor de todas las bellezas. *La gracia surge gracias a la gravedad, y no a la voluntad.*

La belleza natural se manifiesta como obediencia, como silencio. La voluntad ruidosa, en cambio, la destruye. Resulta interesante que Simone Weil reconozca que el arte, pese a tratarse de una producción humana, posee la capacidad de hacer brillar a la materia en su belleza: «Si en ocasiones [la materia] aparece en una obra de arte casi tan bella como en el mar, en las montañas o en las flores, es porque la luz de Dios se ha posado en el artista. Para encontrar bellas las cosas fabricadas por hombres no iluminados por Dios, es preciso haber comprendido con toda el alma que esos hombres no son sino materia que obedece sin saberlo. Para quien se encuentra en ese punto, todo sin excepción es perfectamente bello en este mundo; discierne el mecanismo de la necesidad y saborea en ella la dulzura infinita de la obediencia en todo lo que existe, en todo lo que se produce. Esta obediencia de las cosas es para nosotros, en relación con Dios, lo que es la transparencia de un cristal en relación con la luz. Desde el momento en que sentimos la obediencia en todo nuestro ser, vemos a Dios».[33] El artista imbuido de la luz de Dios obedece a este como lo hace también la materia. La obediencia callada es otro de los componentes de la belleza del arte. Conecta la belleza artística con la natural. El único grito posible ante una obra de arte verdadera es: *No soy nada. Obedezco.*

La belleza del arte es la «copia del silencio desde el que la naturaleza habla».[34] Escapa a la «comunicación», que sería una «adaptación del espíritu a lo útil». La comunicación digital produce, sobre todo, mucho ruido. Se encuentra en el extremo opuesto al del silencio de la naturaleza, de la materia obediente. La digitalización *desmaterializa* el mundo. Encarna la voluntad humana, el poder humano de disposición en estado puro. El mundo digitalizado es un mundo completamente antropomorfo, un mundo que, en cierto modo, hemos recubierto con nuestra propia retina. Así pues, permanece completamente oculto a la mirada de Dios. La pantalla digital no es en modo alguno el cristal transparente de una ventana por la que penetra a raudales la luz de Dios. *En lo digital, el ser humano solo se cruza consigo mismo.* El imperativo digital requiere una total puesta a disposición de la realidad.

A diferencia del arte, la técnica destruye la belleza de la materia sometiéndola al poder humano de disposición y degradándola hasta convertirla en un simple medio para la consecución de un fin. La materia se explota como recurso. Lo «dispuesto» (*Ge-Stell*), que Heidegger concibe como esencia de la técnica, se opone diametralmente a la obediencia. La voluntad humana de pedir (*Be-stellen*) o producir (*Her-stellen*) es lo que rige la técnica entendida como lo «dispuesto». Sería interesante averiguar si sería posible concebir una técnica que también *obedeciese*; una técnica que fuese acompañada de contemplación y meditación. En tal caso, existiría la posibilidad de *espiritualizar la técnica*. La técnica espiritualizada podría oír esa calma, ese silencio que desaparece en cuanto la técnica se presenta como lo «dispuesto». En medio de la técnica, Heidegger percibe un silencio, una calma: «¿Vemos nosotros el rayo del Ser en la esencia de la técnica? ¿Al rayo, que desde la calma viene como ella misma? La calma calma».[35] La técnica espiritualizada contiene en su interior esa *calma del ser*. Solo la *meditación* nos desvela ese *ser* que precede a cualquier actividad o acción, ese ser que incluso *existe antes* que estas, que requiere *obediencia* y que nos *calma*.

DOLOR

Dolor: imprescindible para alcanzar
la eternidad desde el tiempo.

Simone Weil

En las primeras páginas de su ensayo *Sobre el dolor*, Ernst Jünger escribe: «¡Dime cuál es tu relación con el dolor y te diré quién eres!».[1] La relación de Weil con el dolor nos acerca a ella —en cuanto persona— y también a su pensamiento. Weil es un *Homo doloris*. Le daría la razón a Ernst Jünger en su idea de que el dolor «es una de esas llaves con que abrimos las puertas no solo de lo más íntimo, sino a la vez del mundo».[2]

El dolor nos desvela la realidad al establecer una estrecha relación entre esta y el cuerpo. Sin dolor no hay realidad, no hay *presencia*: «Dolor como testimonio de la existencia del mundo».[3] Percibimos la realidad fundamentalmente a partir de sus resistencias, que nos duelen. De ese modo, la realidad se nos cuela en el cuerpo a través del dolor. Allí donde, como ocurre en la actualidad, todo se disuelve en lo agradable, en lo cómodo, nada es *real*. El dolor excluye la alegría. Esta última es su reverso: «Lo real se distingue, entre otras cosas, por su dureza y su aspereza. En lo real se puede encontrar alegría, pero no un entorno agradable. Todo lo agradable es fantasía».[4] *El dolor ancla el ser en el cuerpo*: «Cuando un aprendiz se hace daño o se queja de cansancio, los obreros, los campesinos, tienen una hermosa expresión: "Es el oficio que entra en el cuerpo"».[5]

Solo a través del dolor accedemos al mundo, a la belleza y también al amor. A través del dolor, la belleza del mundo penetra en el cuerpo. Sin dolor, nos quedamos sin mundo, caemos en el olvido del ser. El dolor es el medio por el que la realidad se nos anuncia y nos deja constancia de ella: «Cada vez que sufrimos un dolor podemos decir en verdad que es el universo, el orden y la belleza del mundo, la obediencia de la creación a Dios, lo que nos entra en el cuerpo. ¿Cómo no bendecir con el más tierno reconocimiento al Amor que nos envía ese don?».[6]

Precisamente la negatividad de la desdicha y del dolor es lo que rompe la voluntad y nos enseña la obediencia. Nos inicia en la pasividad que caracteriza a la materia: «La vocación de la desdicha es hacernos entender que la creación de Dios es buena. Porque, mientras que las circunstancias a nuestro alrededor permitan que nuestra existencia quede más o menos intacta o que solo se vea afectada a medias, creeremos en mayor o menor medida que es nuestra voluntad la que ha creado al mundo y la que lo gobierna. En cambio, la desdicha nos enseña, de golpe y para nuestra sorpresa, que eso no es cierto. Cuando, en ese momento, celebramos, estamos alabando realmente la creación de Dios».[7] Sin negatividad, la belleza palidece. Este es su estimulante principio: «Esa amargura [...] no nos impide sentir la belleza; de hecho, es una condición indispensable para poder sentirla».[8]

Simone Weil fundamenta en una *dialéctica del dolor* la cruz entendida como tal dolor, precisamente. A lo largo del proceso del dolor, siempre hay un *punto dialéctico*, es decir, un punto de inflexión, en el que, en medio del sufrimiento supremo, se manifiesta una realidad superior: «Cuando el dolor y el agotamiento llegan al extremo de hacer que surja en el alma el sentimiento de perpetuidad, al contemplar esa perpetuidad con aceptación y amor, quedamos erradicados hasta la eternidad».[9] Todo ascenso requiere un descenso. Del dolor emana un impulso: «La cruz como balanza, y como palanca. Descenso, condición de la subida. Al descender el cielo sobre la tierra, eleva a la tierra hacia el cielo. Palanca. Bajar cuando se quiere ascender».[10]

Simone Weil se refiere al dolor como «una maravilla de la técnica divina»,[11] a través de la cual penetra en el alma de un ser finito la fuerza —inmensamente fría y cruda— de un mundo dominado por un mecanismo ciego. En «El amor a Dios y la desdicha», compara la infelicidad con un clavo cuya punta se aplicase al rincón más hondo del alma. Un fuerte impacto en la cabeza de ese clavo acaba transmitiéndose a la punta y abre un agujero en el alma. La *dialéctica del dolor* de Weil se basa en la idea de que ese agujero es una *apertura* que conduce a Dios. La desdicha, en cuanto dolor extremo, atraviesa el muro divisorio que separa al alma de Dios. Pero el amor a Dios solo puede despertarse si existe una absoluta negatividad del dolor y de la desdicha. Sin negatividad, no hay ascenso hacia Dios.

Weil también concibe la belleza desde la perspectiva del dolor: «Poesía: dolor y gozo *imposibles*. Toque punzante, nostalgia. [...] Un gozo que, a fuerza de ser puro y sin mezcla, duele. Un dolor que, a fuerza de ser puro y sin mezcla, sosiega».[12] El gozo y el dolor se condicionan mutuamente. Tanto el dolor intenso como el gozo intenso conducen a la extinción del yo: «La perfecta alegría excluye el sentimiento mismo de alegría, porque en el alma colmada por el objeto ningún rincón queda disponible para decir "yo"».[13] En la «plenitud de la alegría» no hay «ningún yo». La alegría es «la conciencia de aquello que no es yo». Manifiesta lo *otro del yo*. El yo bloquea cualquier *experiencia intensa*. Allí donde se encuentra extremadamente reforzado, solo hay espacio para la *vivencia como consumo*. El dolor es la *negatividad como medio de la experiencia*.

El dolor y la belleza se encuentran íntimamente ligados entre sí: «Parentesco entre dolor y belleza; inclinación a la poesía después de que mi ataque de migraña llegase a su nivel máximo».[14] No solo lo bello accede al alma a través del dolor: también lo hace lo bueno. La ética de la misericordia se basa en el dolor que experimentamos al ver el sufrimiento del otro. *El dolor ancla el bien en el cuerpo. Encarna* la ética del otro: «En un ser que posee la pureza suficiente como para participar en la redención, el dolor físico se siente directa e inmediatamente como misericordia. La compasión desgarra la carne. O, mejor dicho, el desgarro de la carne obra un singular efecto: permite que la compasión penetre en el alma».[15] Sin dolor se desarrollaría una indiferencia hacia el otro. La incapacidad de sentir dolor conduce, en último término, a la ausencia de empatía.

Solo el dolor nos enseña esa obediencia que caracteriza a la materia. *Sin él, el yo levanta implacablemente la cabeza*. El dolor *materializa* el alma. La sitúa en la *pasividad primigenia de la materia*: «Solo con la alegría no podríamos ser amigos de Dios, como no se puede llegar a ser capitán con el solo estudio de manuales de navegación. El cuerpo tiene su lugar en todo aprendizaje. En el plano de la sensibilidad física, el dolor es el único contacto con la necesidad que constituye el orden del mundo, pues el placer no encierra la impresión de necesidad. [...] Para que la totalidad de nuestro ser llegue un día a ser íntegramente sensible a esa obediencia que es la sustancia de la materia, para que se forme en nosotros un sentido nuevo que permita escuchar el universo como la vibración de la palabra de Dios, las virtudes transformadoras del dolor y la alegría son igualmente indispensables».[16]

Las ideas de Weil acerca del dolor nos resultan extrañas. No en vano, hoy en día somos hostiles o ciegos al dolor. Rechazamos el dolor en cualquiera de sus formas. Nuestra sociedad está dominada por la *algofobia*. Ni siquiera el amor debe doler. Incluso el arte y la música son víctimas de este delirio por la complacencia. Todo se *pule* para adaptarlo al formato del consumo y la vivencia. Se evita cualquier intensidad, porque la intensidad duele. El «me gusta» como *analgésico del presente* no solo gobierna las redes sociales, sino también todas las áreas de la cultura. *Nada debe doler*. En consecuencia, hasta la propia vida adopta una forma adecuada para el consumo y pierde toda su profundidad, toda su intensidad. El consumo y la religión no son compatibles entre sí. La *algofobia* le cierra el paso a Dios.

Nuestro lema actual es *wellbeing* ('bienestar'). El mundo ha de estar formado exclusivamente por zonas de bienestar o confort. Y rendimos culto al *dispositivo de la felicidad*. El dolor es una desdicha que hay que evitar a toda costa. Esta *sociedad paliativa*, enemiga del dolor, se parece a ese *mundo feliz* de Huxley en el que el sufrimiento está estrictamente prohibido: cualquier necesidad debe satisfacerse de inmediato. Ninguna espera ha de causar dolor. El consumo y el placer anestesian a los seres humanos. La vida se rige por la obligación de la felicidad. El Estado proporciona a los ciudadanos una droga llamada *soma* para avivar su sensación de dicha... Ya Nietzsche presintió el advenimiento de esta *sociedad de la adicción*. En *Así habló Zaratustra* escribió: «Un poco de veneno de aquí y de allá para procurarse sueños agradables. Y muchos venenos para morir agradablemente. [...] Hay un pequeño placer para el día y un pequeño placer para la noche; pero se respeta la salud. "Nosotros hemos inventado la felicidad", exclaman los últimos hombres y guiñan el ojo».[17] En la *sociedad paliativa*, dominada por la *algofobia*, la felicidad se diluye y se pule hasta convertirse en bienestar. La profunda felicidad solo es posible cuando está *rota*. La negatividad del dolor es lo que da lugar a esta *rotura*. Pero la actual *cultura de lo pulido* desconfía de la *rotura* en cualquiera de sus formas.

Vivimos en una sociedad de la positividad, que trata de deshacerse de todo tipo de negatividad. La «psicología positiva» ya no quiere saber nada del dolor ni del sufrimiento. Considera que su único cometido es maximizar la felicidad y el bienestar. También la digitalización elimina radicalmente lo *indisponible*, haciendo que todo se vuelva accesible y consumible. Reduce la *resistencia del otro* y borra de manera progresiva la *contraparte opositora*, que podría provocar dolor. El «me gusta» permanente acaba generando un embotamiento del alma, del espíritu. *La digitalización es anestesiamiento.* Sin embargo, las cosas esenciales *nacen en medio del dolor*. El dolor también es la *matrona de lo nuevo*. Sin él, estamos atrapados en el *infierno de lo idéntico*.

Simone Weil vivió en la sociedad disciplinaria de las fábricas y las instituciones educativas y sanitarias, donde el dolor disciplinante aún era un importante factor de producción. Nosotros, en cambio, vivimos en la sociedad neoliberal del rendimiento. Aquí no hay espacio para el dolor. La capacidad de rendimiento no debe incrementarse a través del dolor, sino de la felicidad y del bienestar.

El dolor es una «verdad hecha carne». Si las despedidas duelen, eso demuestra que los lazos forjados son verdaderos. En cambio, la indiferencia y la falta de compromiso no duelen. La «composición del orden vital» se muestra «a lo largo del hilo de Ariadna de los dolores».[18] El orden vital constituye un «orden del dolor». El dolor es un «instrumento de la separación entre auténtico e inauténtico en el fenómeno de lo vivo». Solo gracias al dolor podemos distinguir entre verdad y falsedad. Sin dolor, caemos en una total *indiferencia*. Nos volvemos incapaces de reconocer el *poder estimulante y vivificador del dolor*.

El dolor pierde hoy en día su *poder para abrir el mundo*. Se medicaliza y se le *priva de su idioma*, incluso se le *priva de su magia*, para convertirlo en objeto de terapia. Lo que ha quedado son los dolores crónicos *silenciosos*, a los que se ha despojado de toda *palabra*, de toda *inspiración* que haya aún que combatir. En cambio, ya no hay *dolores iluminadores, inspiradores*, que sean, como decía Walter Benjamin, «una especie de corriente navegable cuyo caudal nunca se seca» y que conduce al ser humano «hasta el mar».[19]

INACTIVIDAD

Hay que detenerse hasta que la cabeza,
el corazón y los miembros sean puro silencio.

Robert Musil

Simone Weil escribió al respecto de la crítica de la civilización: «¿Qué significa hacer balance o crítica de nuestra civilización? Tratar de poner en claro de una manera precisa la trampa que ha llevado al hombre a ser esclavo de sus propias creaciones. [...] Escaparse a una vida salvaje es una solución perezosa. Hay que encontrar de nuevo el pacto original entre el espíritu y el mundo en la misma civilización en que vivimos».[1] Weil expresa con claridad hasta qué punto el ser humano, en su relación con la máquina, se convierte en esclavo de su propia producción. En su *Diario de fábrica* constata: «En esta esclavitud hay dos factores: la velocidad y las órdenes. La *velocidad*: para "llegar" hay que repetir movimiento tras movimiento a una cadencia que, al ser más rápida que el pensamiento, prohíbe dar curso no solo a la reflexión, sino incluso a la fantasía. Al ponerse ante una máquina, hay que matar el alma durante ocho horas al día, el pensamiento, los sentimientos, todo. Esté uno irritado, triste o hastiado, hay que tragar, reprimirlo todo al fondo de sí mismo, irritación, tristeza o hastío: enlentecerían la cadencia. Y lo mismo pasa con la alegría. Las *órdenes*: desde que se ficha a la entrada hasta que se ficha a la salida, puede recibirse cualquier orden en cualquier momento. Y siempre hay que callarse y obedecer».[2]

Hoy en día ya no vivimos en la sociedad disciplinaria que se regía por las órdenes y la obediencia. El régimen disciplinario, en cuanto forma de dominación del capitalismo industrial, adoptaba entonces una forma mecánica. El poder disciplinario atravesaba el cuerpo y convertía «una pasta informe» en una «máquina».[3] Producía así un «cuerpo dócil» que «puede ser sometido, que puede ser utilizado, que puede ser transformado y perfeccionado».[4] El ser humano puede ser adiestrado para que acabe convirtiéndose en una *bestia mecánica de carga*.

En la sociedad disciplinaria, el amo y el esclavo seguían estando claramente diferenciados entre sí. En este sentido, Simone Weil escribe: «El hombre es esclavo en la medida en que entre la acción y su efecto, entre su esfuerzo y la obra, se encuentra interpuesta la intervención de voluntades ajenas. [...] Depender de una voluntad ajena es ser esclavo. No obstante, es el sino de todos los hombres. El esclavo depende del amo, y el amo, del esclavo».[5] Hoy en día, en cualquier caso, ya no vivimos en la sociedad disciplinaria. El régimen disciplinario cede ante el régimen neoliberal, que no se define por las órdenes y la obediencia, sino que explota la libertad en sí misma. En la sociedad neoliberal del rendimiento, el esclavo y el amo confluyen en la misma persona. El esclavo solo se ha liberado en apariencia, convirtiéndose en amo, concretamente en empresario de sí mismo. Cree que ya no está sometido a la voluntad ajena, que es libre, auténtico y creativo, pero en realidad es *su propio esclavo*. Es ese animal kafkiano que le arrebata el látigo al amo y que se azota a sí mismo para ser libre. Nos autoexplotamos en el convencimiento de que nos estamos realizando. La explotación de la libertad, esto es, la autoexplotación, es más eficiente que la explotación procedente de fuera y basada en las órdenes y la opresión.

La digitalización del mundo de la vida demuestra igualmente que el ser humano se convierte en esclavo de su propia producción. La soga digital es más asfixiante que la soga mecánica en la que creía hallarse atrapada Simone Weil. La digitalización, que nos promete más libertad, no produce, a fin de cuentas, sino una cárcel panóptica. Nos degradamos hasta transformarnos en paquetes de datos, en ganado de datos que se deja vigilar y dirigir. Nos volvemos dependientes de las sustancias digitales. Así, somos adictos a estímulos que arrasan nuestra atención. La consecuencia es la *sociedad de la adicción*. La libertad cede ante la adicción. Aunque estamos convencidos de que somos libres, en el fondo nos movemos, tambaleantes, de una adicción a otra, de una dependencia a otra.

A diferencia de la sociedad disciplinaria, en la que hay que guardar silencio, el régimen neoliberal de información establece la obligación de la comunicación, que resulta ser un eficiente medio de control y dirección. Y la obligación de la aceleración que entraña la comunicación digital no solo destruye el pensamiento, sino también la atención. En este sentido, los dispositivos digitales, como el *smartphone*, se asemejan a esas máquinas que, según explicaba Simone Weil, impedían tanto pensar como soñar. Los algoritmos ponen en peligro la libre voluntad porque son *más rápidos* que ella. *Se adelantan a ella*. Así, la libertad se convierte en control.

El régimen neoliberal no funciona con dictados y prohibiciones. Se caracteriza por la permisividad. Su dominio no se basa en la obligación, sino en el «me gusta». No es represor, sino seductor. La *gamificación* del trabajo lo despoja de su carácter coercitivo. Este régimen utiliza la adicción. Las redes sociales, con su lógica de la gratificación mediante los «me gusta» o los seguidores, también se someten a este formato lúdico.

Las emociones, que en el régimen disciplinario se reprimían —dado que, como apuntaba Simone Weil, «enlentecerían la cadencia»—, en el régimen neoliberal se explotan igualmente como recursos. No solo son importantes para el proceso de producción: es que incluso adquieren cada vez más relevancia desde el punto de vista del consumo, dado que hoy en día lo que consumimos son prioritariamente emociones, que se suscitan a través de mercancías cargadas de relato. No en vano, el *storytelling* o narración de historias, en tanto que *storyselling* o venta de historias, comercializa emociones. De ese modo, el valor puro de uso queda cada vez más relegado a un segundo plano.

Vivimos en un cercado digital que nos convierte en ganado de información, de comunicación y de consumo. Esta inmanencia del consumo y de la comunicación nos ha alejado de toda trascendencia. El consumo hace que

Dios se vuelva prescindible. El delirio del rendimiento y de lo que se ha dado en llamar industria «creativa» nos impide ver la belleza de la verdadera creación. El ganado se diferencia de los esclavos en que no se rebela: no aspira a nada en su cercado ni tampoco sale de él, porque solo en ese recinto encuentra alimento. El *mundo como cercado* no permite la revolución.

Simone Weil utiliza la palabra *inversión* para referirse a la relación alterada entre el espíritu y el mundo. Considera que estamos «invertidos». Por eso, nos incita a darnos la vuelta, nos incita a la «conversión».[6] ¿En qué medida se está desmoronando el vínculo que existía originariamente entre el mundo y el espíritu? Es «el peso de la cantidad» lo que asfixia al espíritu: «Al sucumbir bajo el peso de la cantidad, al espíritu no le queda otro criterio que el de la eficacia (*l'efficacité*)».[7] El capital y el *big data* (en francés, el adjetivo *digital* se traduce por '*numérique*') no son más que mera cantidad. Se encargan de que percibamos el mundo exclusivamente desde la perspectiva de la eficacia y la eficiencia. Reducen el espíritu a una inteligencia simple que se limita a *contar y calcular*. El espíritu escapa a la pura cantidad y al *número*. No cuenta números, *explica*. En cambio, la inteligencia artificial solo puede contar, pero no explicar. Pensar es explicar. La inteligencia artificial tan solo administra cuantías. Por eso se deja acelerar. A diferencia de ella, el espíritu *vacila* y *espera*. También puede *retroceder por pudor* y, al instante siguiente, *dejarse llevar por una obsesión*. El pudor, el deseo y la obsesión son elementos completamente ajenos a la inteligencia artificial: «Lo único que cuenta es el saber *vacilante*. Eso es lo que más falta les hace a los ordenadores: la vacilación».[8]

La mera cuantía domina cada vez más la vida. El *quantified self* ('yo cuantificado') se fundamenta sobre la fe en la cuantificabilidad de la vida. El cuerpo se equipa con sensores para medir constantemente sus funciones orgánicas o para crear patrones de movimiento. También se registran minuciosamente el estado de ánimo y las actividades cotidianas. A través de la cuantificación del yo se pretende optimizar el rendimiento físico y mental.

En el proceso de digitalización, el mundo pierde esa presencia *corpóreo-material* que se *dirige* a nosotros y nos *inspira*. Una cantidad no puede *tocarnos*. El mundo se disuelve en datos e información. En ese contexto, apenas es ya posible la *experiencia de la presencia*. Al fin y al cabo, la experiencia de Dios es en sí misma una *experiencia intensa de presencia*. Ya Simone Weil lamentaba la falta de resonancia entre el cuerpo y el mundo: «Asociar el ritmo de la vida del cuerpo con el ritmo del mundo, sentir constantemente esa asociación y sentir asimismo el permanente intercambio de materia por el cual el ser humano está envuelto en el mundo».[9]

El universo no es una cuantía muerta. Todo lo contrario: es algo vivo y espiritual. Simone Weil planteaba una especie de panpsiquismo. Todo está vivo y posee alma. Sin la espiritualidad del universo, no cabría ninguna relación entre él y el espíritu humano: «¿Cómo podría dirigirse el espíritu humano a algo que no sea espiritual? [...] El objeto del espíritu humano [es] el propio espíritu. El objetivo del sabio es unir su propio espíritu a la sabiduría misteriosa y eternamente inscrita en el universo. Así pues, ¿cómo va a existir oposición o incluso separación entre el espíritu de la ciencia y el de la religión? La investigación científica no es sino otra forma de contemplación religiosa».[10]

La belleza escapa a cualquier forma de eficiencia o eficacia. Es una *calidad sin cantidad*. Y, por encima de todo, es algo en lo que podemos *demorarnos*. Solo la *inactividad* contemplativa, que no somete nada a un objetivo, que no *trabaja* ni *produce*, nos permite acceder al mundo entendido como belleza: «Los bienes de este mundo son las flores, que solo conservan su perfume y su belleza mientras nadie las corte».[11] Hoy es más necesario que nunca aproximarse de una forma contemplativa al mundo, en lugar de someterlo a los objetivos del ser humano. La *mirada*, la atención contemplativa que se demora, es precisamente lo que puede recuperar el vínculo roto entre el espíritu y el mundo.

Simone Weil lo denunció lapidariamente: «Dinero, maquinización, álgebra. Los tres monstruos de la civilización actual».[12] Representan la mera cuantía. Se aniquila así toda elevación y toda profundidad, lo que nos conduce a un *infierno de lo idéntico*: «Analogía entre álgebra y dinero. Ambos son igualadores de nivel. En ellos no aparecen representadas las distancias verticales».[13] La observación de Weil acerca del dinero, la maquinización y el álgebra requeriría hoy una actualización: los tres monstruos de la civilización actual son *el capital, la digitalización y la inteligencia artificial*. Los tres rebajan al ser humano, al espíritu, hasta transformarlo en esclavo de la cuantía y de la eficiencia. Una vez más, nos hemos convertido en esclavos de nuestras propias producciones.

Simone Weil diría que todos nosotros somos unos idólatras. El bien que deseamos y veneramos es una mera cuantía, un ídolo: «Ningún ser humano escapa a la necesidad de imaginarse un bien fuera de él al que dirigir su pensamiento en un arranque de anhelo, súplica y esperanza. Por eso solo hay una elección posible: o bien se adora al verdadero Dios, o bien se practica la idolatría».[14] El dominio de la mera cuantía, que arrebata al ser humano su espíritu, hace del mundo un lugar obsceno. Provoca que el crecimiento sin más, ese crecimiento que se asemeja a una excrecencia, acabe ocupándolo todo. Son obscenas la hiperactividad, la hiperproducción, la hipercomunicación y la hiperaceleración, a las que se ha despojado de dirección, es decir, de sentido. Caemos en la obscenidad, en la desmesura: «La vida moderna se ha entregado a la desmesura. La desmesura lo invade todo: la acción y el pensamiento, la vida pública y la privada. Eso explica la decadencia del arte. [...] Cansancio hasta llegar al embotamiento. [...] En ninguna parte se encuentra ya un equilibrio».[15]

A la desmesura, Simone Weil le opone la *forma*. La forma vive de los límites. Tras lamentar la desmesura de la vida moderna, Weil destaca de un modo muy interesante la importancia de las ceremonias católicas: «No hay ya equilibrio en ningún sitio. El movimiento católico reacciona parcialmente en contra de ello: por lo menos sus ceremonias han quedado intactas».[16] Los rituales y las ceremonias encarnan la medida que da forma al alma. Además, como repeticiones que son, no tienen nada que ver con la eficiencia ni con la cantidad. *No producen nada.*

Lo que hacen las ceremonias religiosas es reproducir el orden divino, que «es tan inmutable como el de las estrellas»; un orden al que debemos escuchar y obedecer con pasividad y humildad y en silencio: «La ceremonia es una imitación del orden del mundo y del silencio de las cosas».[17] En las ceremonias, las cosas *callan*. Se liberan del fin, de la economía de la producción. En cierto modo, se vuelven *inactivas*. Simone Weil compara las ceremonias con el arte debido a su belleza: «Belleza de los ritos. Misa. La misa no puede llegar al intelecto porque el intelecto no comprende de qué se trata. Es inmaculadamente bella, de una belleza sensual, porque los ritos y los signos son cosas que se perciben con los sentidos. Es bella a la manera en que lo es una obra de arte».[18] En definitiva, el intelecto, como la inteligencia, solo puede comprender la cuantía. No posee sentidos para captar lo bello. En eso se diferencia del espíritu.

Los rituales y las ceremonias son narrativas, es decir, son prácticas que generan sentido, que dan a la vida humana —tan inestable, frágil y efímera— una forma estable, un orden estructurador, un sostén firme. Como figuras con sentido que son, nos permiten *instalarnos en un hogar* (*Einhausung*). Crean *espacios narrativos* que podemos *habitar*. Hay muchísima sabiduría concentrada en la siguiente observación de Simone Weil: «El objetivo de la vida humana es crear una arquitectura en el alma».[19] Hoy en día el alma se está perdiendo en medio de un desenfrenado torrente de información y comunicación, que impide *construir una arquitectura estable*. En consecuencia, el alma pierde todo sostén, toda relación con el mundo. Sin una arquitectura *que construya el mundo*, cae en una grave depresión.

El aislamiento y la separación crecientes nos desconectan del mundo y del otro. La palabra *religión*, derivada de *religare*, significa 'unir', 'atar' o 'reunir'. Las ceremonias religiosas se basan en un orden simbólico que nos une al universo. También proporcionan una cohesión que mantiene a las personas unidas entre sí. Generan una *comunidad*: «Ceremonia: Yo —¡que soy todo el universo!— soy, sin embargo, una parte de ella. Y también los demás son una parte. Están aquí, como yo. Nada más y nada menos».[20]

El espíritu enmudece y se embota cuando deja de habitar en una trascendencia. En la actualidad nos encontramos sumidos en la inmanencia sin sentido de la producción, del consumo y de la comunicación. El ser humano se convierte en esclavo del trabajo y del rendimiento. Simone Weil se planteaba poetizar el trabajo: «La esclavitud es el trabajo que carece de luz de eternidad, de poesía y de religión».[21] Las etapas y los medios del trabajo deben constituir símbolos que aporten sentido, que nos conduzcan a una realidad más elevada, que nos seduzcan, incluso. La poetización del trabajo permite envolverlo en ropajes rituales, simbólicos. Solo así será posible superar la *obscenidad de la mera producción*: «La poesía sobrenatural que debería impregnar toda su vida [la de los obreros de las fábricas] también debería estar concentrada en estado puro, de vez en cuando, en fiestas brillantes».[22] Hay que trasladar el trabajo al plano de un acto simbólico, por ejemplo, celebrando una fiesta «la víspera del gran día en que un pequeño campesino de catorce años labra solo por primera vez». La fiesta confiere al trabajo una sacralidad espiritual. El pequeño campesino labra para Dios. Su cultivo es como una oración: «Hacer mediante ellas [las fiestas] que los hombres y las mujeres del pueblo vivan perpetuamente bañados en una atmósfera de poesía sobrenatural».[23] También se trata de dar al trabajo un carácter contemplativo, espiritual, de elevarlo hasta «el punto más alto, el de la plenitud de la atención, que es la plenitud de la oración».[24] La *poética trascendente* redime el trabajo, la vida, del vacío total de sentido, del dominio de la mera cuantía.

La mera economía de la producción, del rendimiento y de la eficiencia *despoja de sacralidad y magia* al trabajo. Impide su elevación simbólica, poética, que permitiría que ese trabajo estableciese, más allá de sí mismo, una relación con la realidad superior. La economía es lo contrario de la poesía. La *belleza* poetiza incluso el trabajo físico: «El trabajo físico constituye un contacto específico con la belleza del mundo y, en los mejores momentos, un contacto de una plenitud tal que no tiene equivalente».[25]

Simone Weil intuía al menos en qué podía consistir la inactividad. De hecho, hablaba del «esfuerzo sin finalidad»[26] o de la «acción inoperante».[27] El *trabajo poetizado, espiritualizado*, está próximo a la inactividad. Solo es *poética* la *acción sin objetivo*, la *acción sin «para»*. La inactividad *no produce nada*. Escapa al rendimiento y a la eficiencia. La cuantía le es ajena. Toda actividad que no albergue en su corazón un *silencio contemplativo* se asemeja a la esclavitud. Es el *silencio* lo que *espiritualiza* la acción humana; *calma* la actividad hasta convertirla en inactividad.

Notas

Siglas de las obras en alemán de Simone Weil citadas en este libro:

SG: *Schwerkraft und Gnade*, Berlín, 2020 [Las citas en castellano se han extraído de la traducción de Carlos Ortega de la obra de Simone Weil, *La gravedad y la gracia*, Editorial Trotta, Madrid, 2007].

UG: *Das Unglück und die Gottesliebe*, Berlín, 2024 [Las citas en castellano se han extraído de la traducción de María Tabuyo y Agustín López de la obra de Simone Weil, *A la espera de Dios*, Editorial Trotta, Madrid, 2024].

Cahiers: *Aufzeichnungen*, Múnich, 1996 [Hay traducción castellana de Carlos Ortega, *Cuadernos*, Editorial Trotta, Madrid, 2001].

Siempre que no se indique otra cosa, la traducción de las citas que aparecen es propia.

Introducción

1. UG, pág. 84. [Pág. 80 de la edición en castellano].
2. UG, pág. 85. [Pág. 81 de la edición en castellano].

Atención

1. Simone Weil, *Zeugnis für das Gute*, Olten, 1976, pág. 261.
2. *Ibidem.*
3. Cahiers 3, pág. 87.
4. SG, pág. 56. [Pág. 93 de la edición en castellano].
5. SG, pág. 7. [Pág. 53 de la edición en castellano].
6. Cahiers 2, pág. 43. [Fragmento extraído de la traducción al castellano de Carlos Ortega de la obra de Simone Weil *La gravedad y la gracia*, *op. cit.*, pág. 154].
7. SG, pág. 132. [Pág. 156 de la edición en castellano].
8. Cahiers 3, pág. 206.
9. Cahiers 4, pág. 132.
10. Cahiers 3, pág. 221.
11. Cahiers 3, pág. 226.
12. SG, pág. 120. [Pág. 147 de la edición en castellano].
13. SG, pág. 32. [Pág. 76 de la edición en castellano].
14. Cahiers 3, pág. 306.
15. Martin Heidegger, «Hölderlins Hymne "Andenken"», *Gesamtausgabe*, vol. 52, Fráncfort del Meno, 1982, pág. 128.
16. *Ibidem*, pág. 171.
17. Cahiers 2, pág. 43. [Fragmento extraído de la traducción al castellano de Carlos Ortega de la obra de Simone Weil *La gravedad y la gracia*, *op. cit.*, pág. 154].
18. SG, pág. 139. [Pág. 162 de la edición en castellano].

19. Cahiers 2, pág. 205.
20. Cahiers, 1, pág. 332. [Fragmento extraído de la traducción al castellano de Carlos Ortega de la obra de Simone Weil *La gravedad y la gracia*, *op. cit.*, pág. 112].
21. UG, pág. 96. [Pág. 90 de la edición en castellano].
22. Cahiers 3, pág. 187.
23. UG, pág. 95. [Pág. 89 de la edición en castellano].
24. UG, págs. 97-98, cursivas de B. Han. [Pág. 91 de la edición en castellano].
25. UG, pág. 97, cursivas de B. Han. [Pág. 90 de la edición en castellano].
26. Franz Kafka, *Nachgelassene Schriften und Fragmente II*, Fráncfort del Meno, 1992, pág. 63.
27. UG, pág. 235. [Pág. 155 de la edición en castellano].
28. *Ibidem.*
29. UG, pág. 97. [Págs. 90-91 de la edición en castellano].
30. UG, págs. 232-233. [Págs. 153-154 de la edición en castellano].
31. UG, pág. 232. [Pág. 154 de la edición en castellano].
32. UG, pág. 234. [Pág. 156 de la edición en castellano].
33. UG, pág. 236. [Pág. 156 de la edición en castellano].
34. UG, pág. 234. [Pág. 156 de la edición en castellano].
35. UG, págs. 233-234. [Pág. 154 de la edición en castellano].
36. UG, pág. 234. [Pág. 156 de la edición en castellano].
37. SG, pág. 148. [Pág. 169 de la edición en castellano].
38. Giorgio Agamben, *Profanierungen*, Fráncfort del Meno, 2005, págs. 71-72. [Fragmento extraído de la traducción al castellano de Flavia Costa y Edgardo Castro de la obra de Giorgio Agamben *Profanaciones*, Adriana Hidalgo Editora S. A., Buenos Aires, 2005, pág. 99].
39. SG, págs. 147-148. [Pág. 168 de la edición en castellano].
40. SG, pág. 127. [Pág. 153 de la edición en castellano].

41. UG, pág. 87. [Pág. 85 de la edición en castellano].
42. SG, pág. 145. [Pág. 166 de la edición en castellano].
43. Cahiers 3, pág. 206.
44. UG, pág. 97. [Págs. 90-91 de la edición en castellano].
45. UG, pág. 101. [Pág. 93 de la edición en castellano].
46. UG, pág. 231. [Pág. 153 de la edición en castellano].
47. Números, 21, 9 [Fragmento extraído de la versión de la Biblia disponible en la página web de la Conferencia Episcopal Española].
48. UG, pág. 231. [Pág. 153 de la edición en castellano].
49. UG, pág. 239. [Pág. 158 de la edición en castellano].
50. UG, pág. 257. [Pág. 167 de la edición en castellano].
51. Cahiers 4, pág. 12.
52. Jean-Paul Sartre, *Das Sein und das Nichts. Versuch einer phänomenologischen Ontologie*, Hamburgo, 2007, pág. 471. [Fragmento extraído de la traducción al castellano de Juan Valmar de la obra de Jean-Paul Sartre *El ser y la nada*, Ediciones Altaya, Barcelona, 1993, pág. 289].
53. *Ibidem*, págs. 516-517. [Pág. 316 de la edición en castellano].
54. Cahiers 3, pág. 354.
55. SG, pág. 20. [Pág. 64 de la edición en castellano].
56. SG, pág. 128. [Pág. 154 de la edición en castellano].
57. Cahiers 3, pág. 79.
58. Cahiers 3, pág. 159.
59. UG, págs. 90-91. [Pág. 87 de la edición en castellano].
60. Cahiers 2, pág. 123.
61. *Ibidem.*
62. *Briefe Martin Heideggers an seine Frau Elfriede 1915-1970*, Múnich, 2005, pág. 264. [Para la versión en castellano de estas palabras de Martin Heidegger seguimos la traducción de Joaquín Chamorro Mielke de la obra de Byung-Chul Han

No-cosas: quiebras del mundo de hoy, Taurus, Barcelona, 2021, pág. 42, extraída a su vez de la traducción de Sebastián Friso de la obra de Martin Heidegger *¡Alma mía! Cartas a su mujer Elfride (1915-1979)*, Buenos Aires, Manantial, 2008].

63. Cahiers 4, pág. 76.
64. Cahiers 4, pág. 317.
65. Cahiers 4, pág. 90.
66. Martin Heidegger, *Gesamtausgabe*, vol. 13, Fráncfort del Meno, 1983, pág. 30.
67. Cahiers 4, pág. 98.
68. Platon, *Symposion*, 220c-d. [Fragmento extraído de la traducción de Carlos García Gual, Marcos Martínez Hernández y Emilio Lledó Íñigo de la obra de Platón «Banquete», en *Diálogos*, vol. III, Editorial Gredos, Madrid, 1988, págs. 280-281].
69. Paul Celan, *Der Meridian. Endfassung – Entwürfe – Materialien*, B. Böschenstein *et al.* (eds.), Fráncfort del Meno, 1999, págs. 9-10.
70. Emmanuel Lévinas, *Totalität und Unendlichkeit: Versuch über Exteriorität*, Friburgo y Múnich, 1987, pág. 259. [Fragmento extraído de la traducción al castellano de Daniel E. Guillot de la obra de Emmanuel Lévinas *Totalidad e infinito. Ensayo sobre la exterioridad*, Ediciones Sígueme, Salamanca, 2002, pág. 196].
71. *Ibidem*, pág. 197. [Pág. 157 de la edición en castellano].
72. UG, págs. 171 y ss. [Pág. 120 de la edición en castellano].
73. UG, pág. 172. [Pág. 120 de la edición en castellano].
74. UG, págs. 168-169, cursivas de B. Han. [Pág. 118 de la edición en castellano].
75. Simone Weil y Joë Bousquet, *Correspondance*, Lausana, 1982, pág. 18. [Fragmento extraído de la traducción al castellano de Emilia Bea, Carmen Revilla y Alejandro del Río de la obra de Simone Weil *La agonía de una civilización y otros escritos de*

Marsella, edición de Carmen Revilla, Editorial Trotta, Madrid, 2022, pág. 142].

76. Simone Weil, *Zur generellen Abschaffung der politischen Parteien*, Zúrich y Berlín, 2009, pág. 14.
77. *Ibidem*, pág. 18.
78. *Ibidem*, págs. 23-24.
79. UG, pág. 91. [Pág. 87 de la edición en castellano].
80. SG, pág. 129. [Pág. 154 de la edición en castellano].

Descreación

1. Véase Michael P. A. Murphy, «On Giorgio Agambens's Theoretical Debt to Simone Weil: Destituent Potential and Decreation», en S. Bourgault y J. Daigle (eds.), *Simone Weil. Beyond Ideology?*, 2017, págs. 83-102.
2. Giorgio Agamben, *Bartleby oder die Kontingenz*, Berlín, 1998, pág. 33.
3. *Ibidem*, pág. 69.
4. *Ibidem*, pág. 72.
5. SG, pág. 37. [Pág. 81 de la edición en castellano].
6. SG, pág. 39. [Pág. 82 de la edición en castellano].
7. Cahiers 3, pág. 152.
8. Cahiers 3, pág. 243.
9. SG, pág. 41. [Pág. 83 de la edición en castellano].
10. SG, pág. 122. [Pág. 149 de la edición en castellano].
11. SG, págs. 47-48. [Pág. 87 de la edición en castellano].
12. UG, pág. 171. [Págs. 119-120 de la edición en castellano].
13. Cahiers 4, pág. 117.
14. SG, pág. 152. [Pág. 174 de la edición en castellano].
15. SG, pág. 48. [Pág. 88 de la edición en castellano].

16. SG, pág. 49. [Pág. 88 de la edición en castellano].
17. Cahiers 3, pág. 87.
18. Cahiers 3, pág. 367.
19. Michel Serres, *Das eigentliche Übel. Verschmutzen, um sich anzueignen?*, Berlín, 2009, págs. 56-57.
20. SG, pág. 49. [Pág. 88 de la edición en castellano].
21. SG, pág. 189. [Pág. 205 de la edición en castellano].
22. SG, pág. 75. [Págs. 107-108 de la edición en castellano].
23. Martin Heidegger, *Wegmarken*, Fráncfort del Meno, 1967, pág. 55.
24. SG, págs. 189-190. [Pág. 205 de la edición en castellano].
25. SG, pág. 189. [Pág. 205 de la edición en castellano].

* Concepto de Heidegger. Este término se ha traducido a menudo como 'cuidado', dado que se trata de un concepto situado a medio camino entre la preocupación, la anticipación y la atención. Sin embargo, en este contexto preferimos optar por la palabra *preocupación*, que transmite mejor el sentido que desea dar aquí Byung-Chul Han y que permite jugar, como hace él, con otras palabras que poseen la misma raíz, como *despreocupación* o *desocupar*. (*N. de la t.*).

26. Cahiers 4, pág. 20.
27. SG, pág. 119. [Pág. 145 de la edición en castellano].
28. SG, pág. 160. [Pág. 181 de la edición en castellano].
29. Sören Kierkegaard, *Die Lilie auf dem Feld und der Vogel unter dem Himmel. Drei Reden, Gott betreffend*, Berlín, 2024, págs. 71-72.
30. Cahiers 4, pág. 131.

Vacío

1. SG, págs. 16-17. [Pág. 61 de la edición en castellano].
2. Mateo, 18, 21-22. [Fragmento extraído de la versión de la Biblia disponible en la página web de la Conferencia Episcopal Española].
3. UG, pág. 169. [Pág. 118 de la edición en castellano].
4. SG, pág. 17. [Págs. 61-62 de la edición en castellano].
5. UG, pág. 214. [Pág. 144 de la edición en castellano].
6. UG, pág. 215. [Pág. 144 de la edición en castellano].
7. UG, pág. 19. [Pág. 40 de la edición en castellano].
8. UG, pág. 21. [Pág. 40 de la edición en castellano].
9. UG, pág. 241. [Pág. 159 de la edición en castellano].
10. UG, pág. 248. [Pág. 162 de la edición en castellano].
11. UG, pág. 246. [Págs. 161-162 de la edición en castellano].
12. UG, pág. 249. [Pág. 163 de la edición en castellano].
13. UG, pág. 79. [Pág. 78 de la edición en castellano].
14. UG, pág. 211. [Págs. 141-142 de la edición en castellano].
15. UG, pág. 79. [Pág. 78 de la edición en castellano].
16. *Ibidem.*
17. UG, pág. 80. [Pág. 78 de la edición en castellano].
18. UG., pág. 81, cursivas de B. Han. [Pág. 79 de la edición en castellano].
19. UG, pág. 209. [Pág. 140 de la edición en castellano].
20. UG, pág. 82. [Pág. 79 de la edición en castellano].
21. *Ibidem.*
22. UG, pág. 170. [Pág. 119 de la edición en castellano].
23. SG, pág. 23. [Pág. 67 de la edición en castellano].
24. SG, pág. 12. [Pág. 58 de la edición en castellano].
25. SG, pág. 13. [Pág. 58 de la edición en castellano].
26. SG, pág. 11. [Pág. 57 de la edición en castellano].

27. SG, pág. 16. [Pág. 60 de la edición en castellano].
28. Cahiers 1, pág. 211, cursivas de B. Han.
29. Cahiers 1, pág. 210.
30. UG, pág. 164. [Págs. 115-116 de la edición en castellano].
31. Juan, 3, 5. [Fragmento extraído de la versión de la Biblia disponible en la página web de la Conferencia Episcopal Española].
32. UG, pág. 138. [La traducción del fragmento entrecomillado en este caso es propia, dado que la cita no se incluye en la edición en castellano de *A la espera de Dios*].
33. *Ibidem.*
34. SG, págs. 24-25. [Pág. 68 de la edición en castellano].
35. SG, pág. 23. [Pág. 67 de la edición en castellano].
36. SG, pág. 29. [Pág. 72 de la edición en castellano].
37. SG, pág. 25. [Pág. 68 de la edición en castellano].
38. SG, pág. 18. [Pág. 62 de la edición en castellano].
39. SG, pág. 20. [Pág. 64 de la edición en castellano].
40. SG, pág. 23. [Pág. 67 de la edición en castellano].
41. SG, pág. 27. [Pág. 70 de la edición en castellano].

Silencio

1. Friedrich Nietzsche, *Die fröhliche Wissenschaft, Gesammelte Werke, Kritische Studienausgabe*, Giorgio Colli y Mazzino Montinari (eds.), vol. 3, Berlín/Nueva York, 1988, pág. 558. [Fragmento extraído de la traducción de Carola Tognetti de la obra de Friedrich Nietzsche *La gaya ciencia*, Greenbooks Editore, edición digital, 2021, ubicación 2426].
2. Cahiers 3, pág. 18.
3. Giorgio Agamben, *Herrschaft und Herrlichkeit. Zur theolo-*

gischen Genealogie von Ökonomie und Regierung, Berlín, 2010, pág. 300.

4. UG, pág. 96. [Pág. 90 de la edición en castellano].
5. Walter Benjamin, *Gesammelte Schriften*, vol. VI, Fráncfort del Meno, 1991, pág. 197.
6. Hugo von Hofmannsthal, «Eine Monographie», en la obra del mismo autor *Gesammelte Werke, Reden und Aufsätze 1*, de B. Schoeller (ed.), Fráncfort del Meno, 1986, págs. 479-483, aquí pág. 479.
7. Hugo von Hofmannsthal, «Ein Brief», en la obra del mismo autor *Gesammelte Werke, Erzählungen, erfundene Gespräche und Briefe*, *op. cit.*, págs. 461-472, aquí pág. 467.
8. *Ibidem*, pág. 471.
9. Cahiers 3, págs. 351-352.
10. Cahiers 2, pág. 316.
11. Cahiers 2, pág. 145.
12. Cahiers 3, pág. 22.
13. Cahiers 1, pág. 144.
14. Cahiers 1, pág. 322.
15. Cahiers 2, pág. 143.
16. Cahiers 3, pág. 188.
17. UG, pág. 259. [Pág. 168 de la edición en castellano].
18. Friedrich Nietzsche, *Menschliches, Allzumenschliches*, *Gesammelte Werke, Kritische Studienausgabe*, Giorgio Colli y Mazzino Montinari (eds.), vol. 3, Berlín/Nueva York, 1988, pág. 690. [Fragmento extraído de la traducción de Marco Parmeggiani Rueda de la obra de Friedrich Nietzsche *Humano, demasiado humano: un libro para espíritus libres*, vol. 2, Editorial Tecnos, edición digital, 2022, pág. 455].

Belleza

1. Christian Gampert, «Glattpoliert, kitschig, banal», <https://www.deutschlandfunk.de/glattpoliert-kitschig-banal-100.html>.
2. Cahiers 2, pág. 253.
3. George Steiner, *Von realer Gegenwart. Hat unser Sprechen Inhalt?*, Múnich, 1990, pág. 295. [Fragmento extraído de la traducción de Juan Gabriel López Guiz de la obra de George Steiner *Presencias reales*, Ediciones Siruela, S. A., edición digital, 2017, ubicación 3598].
4. *Ibidem.*
5. *Ibidem*, pág. 283. [Ubicación 3429 de la edición digital en castellano].
6. *Ibidem*, pág. 276. [Ubicación 3347 de la edición digital en castellano].
7. *Ibidem*, pág. 294. [Ubicación 3584 de la edición digital en castellano].
8. *Ibidem*, pág. 275. [Ubicación 3333 de la edición digital en castellano].
9. Cahiers 4, pág. 325.
10. SG, pág. 163. [Pág. 183 de la edición en castellano].
11. Cahiers 2, pág. 155.
12. Platón, *Politeia*, 361e. [Fragmento extraído de la traducción de Conrado Eggers Lan, con revisión de Alberto del Pozo Ortiz, de la obra de Platón *República*, Editorial Gredos, S. A., Madrid, 1988, pág. 110].
13. SG, pág. 99. [Pág. 127 de la edición en castellano].
14. Cahiers 3, pág. 109.
15. SG, pág. 162. [Pág. 182 de la edición en castellano].
16. *Ibidem.*
17. *Ibidem.*

18. SG, pág. 161. [Pág. 182 de la edición en castellano].
19. Cahiers 3, pág. 110.
20. Cahiers 3, pág. 258.
21. *Ibidem.*
22. UG, pág. 195. [Pág. 133 de la edición en castellano].
23. SG, pág. 110. [Traducimos la cita directamente del francés, dado que este fragmento no se incluye en la edición en castellano mencionada].
24. Cahiers 3, pág. 25.
25. SG, pág. 161. [Pág. 182 de la edición en castellano].
26. Maurice Merleau-Ponty, *Sinn und Nicht-Sinn*, Múnich, 2000, pág. 22.
27. Cézanne, *Über die Kunst, Gespräche mit Gasquet. Briefe*, Hamburgo, 1957, pág. 9.
28. *Ibidem*, págs. 9-10.
29. *Ibidem*, pág. 20.
30. Maurice Merleau-Ponty, *Das Auge und der Geist. Philosophische Essays*, Hamburgo, 1984, pág. 15.
31. UG, págs. 119-120. [Págs. 104-105 de la edición en castellano].
32. UG, págs. 117-118. [Págs. 103-104 de la edición en castellano].
33. UG, pág. 120. [Pág. 105 de la edición en castellano].
34. Adorno, *Ästhetische Theorie, Gesammelte Schriften*, R. Tiedemann (ed.), vol. 7, Fráncfort del Meno, 1970, pág. 115. [Fragmentos extraídos de la traducción de Jorge Navarro Pérez de la obra de Theodor Adorno *Teoría estética. Obra completa*, vol. 7, Ediciones Akal, Madrid, 2004, pág. 104].
35. Martin Heidegger, *Die Technik und die Kehre*, Pfullingen, 1962, pág. 47. [Fragmento extraído de la traducción de Francisco Soler del artículo de Martin Heidegger «La vuelta», *Revista de Filosofía*, 2016, <https://doi.org/10.5354/0718-4360.1988.44153>, pág. 116].

Dolor

1. Ernst Jünger, «Über den Schmerz», en *Sämtliche Werke, Essays I*, vol. 7, Múnich, 1980, págs. 143-191, aquí pág. 145. [Fragmento extraído de la traducción de Andrés Sánchez Pascual de la obra de Ernst Jünger *Sobre el dolor. Seguido de La movilización total y Fuego y movimiento*, Tusquets Editores, Barcelona, 1995, p 13].
2. *Ibidem.*
3. Cahiers 3, pág. 44.
4. Cahiers 4, pág. 9.
5. UG, pág. 122. [Pág. 101 de la edición en castellano].
6. *Ibidem.*
7. UG, pág. 146.
8. Cahiers 2, pág. 181.
9. SG, pág. 27. [Pág. 70 de la edición en castellano].
10. SG, pág. 104. [Pág. 131 de la edición en castellano, si bien corregimos aquí una errata presente en dicha edición (*descender* en lugar de *ascender*)].
11. UG, pág. 126. [Pág. 109 de la edición en castellano].
12. SG, pág. 162. [Pág. 182 de la edición en castellano].
13. SG, pág. 37. [Pág. 81 de la edición en castellano].
14. Cahiers 2, pág. 267.
15. Cahiers 3, pág. 197.
16. UG, pág. 122. [Pág. 106 de la edición en castellano].
17. Friedrich Nietzsche, *Also sprach Zarathustra. Ein Buch für Alle und Keinen*, *Gesammelte Werke, Kritische Studienausgabe*, Giorgio Colli y Mazzino Montinari (eds.), vol. 4, Berlín/Nueva York, 1988 pág. 20. [Fragmento extraído de la traducción de Carlos Vergara de la obra de Friedrich Nietzsche *Así habló Zaratustra. Un libro para todos y para nadie*, Editorial EDAF, edición digital, 2010, pág. 50].

18. Viktor von Weizsäcker, *Die Schmerzen, Der Arzt und der Kranke, Stücke einer medizinischen Anthropologie, Gesammelte Schriften*, vol. 5, Fráncfort del Meno, 1987, págs. 27-47. [Fragmento extraído de la traducción de Dorrit Busch de la obra de Viktor von Weizsäcker *Escritos de antropología médica*, Libros del Zorzal, Buenos Aires, 2009, pág. 98].
19. Walter Benjamin, *Gesammelte Schriften*, R. Tiedemann y H. Schweppenhäuser (eds.), vol. VI, Fráncfort del Meno, 1985, pág. 83. [Fragmento extraído de la traducción de Alberto Ciria de la obra de Byung-Chul Han *La sociedad paliativa*, Herder Editorial, Barcelona, 2022, edición digital, pág. 4].

INACTIVIDAD

1. SG, pág. 166. [Pág. 186 de la edición en castellano].
2. Simone Weil, *Fabriktagebuch und andere Schriften zum Industriesystem*, Fráncfort del Meno, 1978, pág. 30. [Fragmento extraído de la traducción de Teresa Escartín Carasol y José Luis Escartín Carasol de la obra de Simone Weil *La condición obrera*, Editorial Trotta, S.A., 2023, edición digital, pág. 853].
3. Michel Foucault, *Überwachen und Strafen. Die Geburt des Gefängnisses*, Fráncfort del Meno, 1977, pág. 173. [Fragmento extraído de la traducción al castellano de Aurelio Garzón del Camino de la obra de Michel Foucault *Vigilar y castigar. Nacimiento de la prisión*, Siglo Veintiuno Editores, México D. F., 2005, pág. 139.
4. *Ibidem*, págs. 174-175. [Pág. 140 de la edición en castellano].
5. SG, pág. 167. [Pág. 187 de la edición en castellano].
6. SG, pág. 41. [Pág. 83 de la edición en castellano].
7. SG, pág. 166. [Pág. 186 de la edición en castellano].

8. Elias Canetti, *Aufzeichnungen 1992-1993*, Múnich, 1996, pág. 31.
9. SG, pág. 153. [Pág. 174 de la edición en castellano].
10. Simone Weil, *Aufmerksamkeit für das Alltägliche*, Múnich, 1987, pág. 73.
11. Cahiers 2, pág. 183.
12. SG, pág. 164. [Pág. 185 de la edición en castellano].
13. Cahiers 1, pág. 355.
14. Cahiers 4, pág. 159.
15. Cahiers 1, págs. 114 y s.
16. SG, pág. 167. [Pág. 187 de la edición en castellano].
17. Cahiers 4, pág. 117.
18. Cahiers 2, pág. 287.
19. Cahiers 4, pág. 57.
20. Cahiers 1, pág. 150.
21. SG, pág. 195. [Pág. 209 de la edición en castellano].
22. Simone Weil, *Von der Schwierigkeit, den Kopf zum Himmel zu heben*, Fráncfort del Meno, 2023, pág. 112. [Fragmento extraído de la obra de Simone Weil *La condición obrera*, Editorial Trotta, S. A., 2023, edición digital, pág. 450].
23. *Ibidem*, pág. 104. [Pág. 446 de la edición en castellano].
24. *Ibidem*, pág. 112. [Pág. 450 de la edición en castellano].
25. UG, pág. 200. [Pág. 136 de la edición en castellano].
26. SG, pág. 194. [Pág. 209 de la edición en castellano].
27. SG, pág. 130. [Pág. 112 de la edición en castellano].

Sobre el autor

Byung-Chul Han (Seúl, Corea del Sur, 1959) es un filósofo y ensayista experto en estudios culturales. Se le considera uno de los filósofos más destacados del pensamiento contemporáneo por su crítica al capitalismo y a la sociedad del trabajo, y ha sido galardonado con el Premio Princesa de Asturias de Comunicación y Humanidades 2025.

Han estudió Filología Alemana y Teología en la Universidad de Múnich y Filosofía en la Universidad de Friburgo, donde se doctoró con una tesis sobre Martin Heidegger. Ha dado clases de Filosofía en la Universidad de Basilea, de Filosofía y Teoría de los Medios en la Escuela Superior de Diseño de Karlsruhe y de Filosofía y Estudios Culturales en la Universidad de las Artes de Berlín.

El trabajo de Han une tradiciones filosóficas y bebe de las ideas de pensadores como Friedrich Nietzsche, Martin Heidegger, Michel Foucault, Sigmund Freud,

Hannah Arendt y Walter Benjamin, entre otros. Explora temas como la tecnología y los efectos del neoliberalismo en los diversos aspectos de la vida humana, el poder, la comunicación, la vigilancia, el consumismo, el trabajo, la autoexplotación, la transparencia, los rituales, la inactividad y las identidades individuales y colectivas. Es considerado el sucesor de pensadores como Roland Barthes o Giorgio Agamben.

Es autor de más de una veintena de títulos entre los que cabe destacar *La sociedad del cansancio*, *La sociedad de la transparencia*, *Psicopolítica*, *No-cosas*, *Infocracia* y *Vida contemplativa*. Todos ellos han sido traducidos a varios idiomas.

En Paidós ha publicado *La tonalidad del pensamiento* y *Sobre Dios*.

Último libro del autor

En abril de 2023, Byung-Chul Han viajó por primera vez a Portugal e impartió unas conferencias en Oporto y Lisboa. Días después ofreció, también por primera vez, una conferencia musical en Leipzig. *La tonalidad del pensamiento* nace de estas conferencias.

La conferencia musical de Leipzig, «La tonalidad del pensamiento», que contó con la interpretación al piano de las piezas favoritas del autor, da título a esta obra y en ella Han expone los tonos y temas que atraviesan su filosofía y repasa la importancia de la música en su obra. En Oporto, en la conferencia «Sobre Eros», el autor se pregunta por el sentido del amor, mientras que en Lisboa presenta «Sobre la esperanza», una reflexión sobre la trascendencia de esta virtud en la actualidad.

La tonalidad del pensamiento pone al alcance de los lectores los textos, las fotografías y el acceso en exclusiva a las grabaciones de las conferencias más recientes del autor.

Impreso en España